ストライキ消滅

「スト権奪還スト」とは何だったのか

大橋 弘

風媒社

◉目次

まえがき

いま、日本全国でJR各社全線がストライキのためにストップする事態が考えられるだろうか。それも連続8日間、通勤電車をはじめ新幹線、長距離列車を含むすべての電、列車が動かない事態に直面したら……。

44年近く前（1975年11月）実際に当時、国鉄と呼ばれた現JR全線が、ストライキによってきっちり8日間、（ごく一部が北陸、東北、四国地方などでまばらに短期間走ったのを除き）動かない事態が発生した。当時の国鉄労働者はストライキ権を政府に認められないまま、それでも様々な要求実現を求めてストライキを積み重ねていた。そのたびに違法ストとして多数の処分者を出した。この悪循環を断ち切ろうと国鉄労動組合（国労）、国鉄動力車労働組合（動労）は8日間の全面全線ストを実行し、スト権回復を政府に迫った。ストライキによってスト権を回復するという政府に対する真っ向からの力勝負。国、動労の総力をかけた権利（回復）闘争。「スト権スト」と呼ばれた。

利用者の反発は大きかったが、ともかく耐えた。ストに参加した国鉄労働者や労働組合幹部をターゲットにした直接のテロ行為、指導部を襲う暴動は起きなかった。

いまであればどうか？　利用者は黙って耐えるだろうか？それより何より電車を止める全面全線ストライキ計画が明らかになった段階で、利用者、国民の反発が盛り上がり、計画した労働組合は袋叩きに遭う可能性が高いのではないか？

ストライキ権は憲法に基づく労働者の権利である。労働3権の重要な柱である。JR誕生から31年余り。民営化によってあれほど悲願としていたスト権を回復した。ところが、皮肉にも実際に全面ストを行うのは不可能に近くなった。民間企業とはいえ国民が等しく利用できる公共財（社会インフラ）であるJRは、もはや労組の論理だけで全面ストに向かって動けない状況に陥っている。国民の大半はJRの電、列車は災害や事故でもない限り時に多少の遅れはあるもののおおむねダイヤ通り走るのだ、と思っている。

鉄道は春闘時や労使間に大きな問題があるときはストで止まる。または順法闘争（運転準則に忠実に運転すると、過密ダイヤでは遅れの連鎖になる。準則に基づく運行だとして順法の名が付いた）と称されたノロノロ運転でダイヤは乱れ、遅延するものだと覚悟していた当時の市民とは違う。覚悟はしていても度重なる順法闘争では我慢しきれなくなった乗客が1973年3月13日、高崎線上尾駅で暴動を起こした。定員８４０人の電車に4倍近い通勤客を詰め込み、ノロノロ運転と遅れ。上尾駅に積み残した利用者６０００人という状態に乗客の怒りが頂点に達した。乗客は暴徒化し、他の駅にも波及しかかったが、当日正午ごろまでには沈静化した。「上尾暴動」と呼ばれる。また、同年4月24日、通勤客帰宅時に多人数の積み残しが生じたのに怒った乗客によって同時多発的に発生した首都圏国電（通勤、通学電車として都市住民が日常で利用する電車）区間38駅の暴動は「首都圏国電暴動」と名付けられて、共に労使間で一応は教訓化されている。

しかし労組は闘争をやめなかった。その頂上がスト権ストだった。が、労働側は政府から何も引き出せないまま完敗し、国鉄の民営化に道を開いた。政治的闘争を厭わない労働運動はここでピークアウトした。そうして徐々にストをはじめとする闘争手段を組合がしまい込んだ結果は、単に労働運動だけでなく、自民党1強の日本社会の在り様にまで反映しつつある。

国鉄がＪＲ（民営旅客・貨物会社）に変わり、事業実施の自由度が大幅に拡がった結果、その収支とサービスは大きく改善された。時刻通りに利用できる鉄道。内外に利用しやすい飲食店をはじめちょっとしたショップを収めた集客力抜群のＪＲ各駅。テナント料はＪＲ各社の収益に大きく寄与し続けるに違いなく、ＪＲ各社職員の接客態度の向上、トイレもおおむねきれいになった。その他、駅構内か近くに建つホテル、旅行業はもとより事業の幅も広がり、民営化の効果ははっきり出ている。

もう一歩踏み込んで言えばIT化が進む新しい経済の時代に、労働運動・闘争など不要。果てなく続くであろう大コンペティション（競争）時代に、組合に足を引っ張られていては、旧来型の企業から脱却できない。イノベーションは進まず企業社会から脱落してしまう。そんな考えが経営者はもとより働く者の意識にもインプットされつつあるのだろうか？ストで意思表明し労働条件の維持・向上や、あえて政治的な意思表示をする必要はない、と組合指導者だけでなく一般組合員も「社員」というポジションを徹底的に優先する社会に入っているように見える。

一方でそこで働く者の組合が、ストライキ権を保持しながら用いなければ、さびつくのは当然だ。分割されたJRで仮に企業組合別にストを構えることができても東日本、西日本、東海などJR会社のそれぞれ分割されたエリアで通用するだけである。戦後民主主義の生死をかけた課題が国民・市民の頭上に覆いかぶさっても（JR本州3旅客会社の他に）九州、四国、北海道、貨物の各企業組合を含めて、JRの組合が互いにスクラムを組み全国一律の統一闘争を展開するのは、夢物語になった。

このロングインタビューの背後にあるのは、ストを忘れた労働運動は「象牙の船にでも乗れる」と思っているのかという問いかけである。いたずらに過去を振り返り懐かしんだり、残念だ、と言っているのではない。

スト権ストの当事者であり指導者だった富塚三夫、武藤久にロングインタビューした内容をお届けする。ご承知の方も多いと思うが、富塚は2016年2月死去した。インタビューはいずれも2014年晩夏から冬にかけて行っている。富塚インタビューは「スト権スト40年目の真実」のタイトルで、翌2015年4月7日号から「週刊エコノミスト」（毎日新聞社発行＝現毎日新聞出版）に3週連続で掲載した。併せてスト権スト最中に連日、富塚とテレビ論戦を繰り広げた当時の政務担当官房副長官（後に首相）海部俊樹のインタビューも併載した（これもエコノミスト誌4月21日号に掲載）。富塚インタビューは事実上、日本の労働運動に対する彼の遺言の色彩を帯びる結果になった。

このとき同誌に載せきれなかったインタビュー内容と新たに、富塚の盟友で後継者であった武藤久へのインタビューを加えた。

前述のようにスト権ストから長い年月が経過した。その前後の事情を改めて説明しなければ既に分かりにくくなっている。二人の人生編を含めインタビュアー（著者）が必要と考えた部分には背景説明を加えた。公刊資料に拠っているのだから解説と受け取っていただいていい。

富塚はこのインタビューを始める前に言った。「国労を解体し、国鉄を分割したところから労働運動の非政治化が始まったのだ。結局のところそれが今の政治、社会状況を生んだ。権力と対峙する労働運動が失われた結果が、社会にどんな影響を与えているのか。よく見てほしい」。

文中の敬称は略させてもらった。

第1章　スト権奪還スト

三木首相のパフォーマンス

富塚　スト権スト（1975年）から数年後のことになるが、駿河台の明治大学でOB（・OG）の集まりがあった。夜間部（2部）だけど僕は明大OBです。スト権スト当時の三木（武夫）首相もOBです。その日の集まりに彼も出席していた。帰りに会場ロビーですれ違いざま三木さんは「富塚君。キミのこれをストップさせたのは僕だよ。ハハハハハ」と自分の首に片手を当てながら、そう言って去ってしまった。説明なしの瞬間的なパフォーマンスでした。国鉄（JR＝ジャパンレイルウェイの前身）のことならぼくはスト権スト前にとっくにクビになっていた。それぐらいは三木さんも知っていただろう。だから僕はいまでも三木さんの言葉を何と解釈したらよいのかわからない。

スト権ストは、政府関係特殊法人である公共企業体労働者にストライキ権を返せと要求して実行した未曽有のストライキであった。その鉄道スト部門の総指揮者である国鉄労働組合（以下国労）書記長・富塚三夫の刑事責任を追及させなかったのは首相だった私だ、と言いたかったのだろうか？　すでに首相の座を去っていたとはいえブラックジョーク（！）じみたパフォーマンス。首相という地位に伴う権限を考えると法務相を通じてだが、捜査指揮権に触れる可能性もあるだけに相当に際どい。ほとんどこの種のジョークを飛ばす印象の薄い三木にしては珍しいのではないか。

日本でいま、全国的な鉄道ストライキを具体的に想像するのは難しい。国鉄が通称ＪＲ（ジャパンレイルウェイ）をいただく民間企業に変わって32年、ＪＲ労働者はストライキ権（ストライキを行う権利）を持つことはできたが、実行する力があるだろうか？　たとえ力があったとして、社会は通勤の足まで止めてしまう鉄道ストを容認するだろうか。

２０１８年春闘ではＪＲ東（東日本旅客鉄道）労組がすでに確立（ストを行うためには組合員の過半数か3分の2の賛成が必要としているところが多い。ストを実行しようとする組合執行部がこれを実現させればスト権確立という）したとするスト権を実行に移す構えをとっただけで組合員の離脱がとまらず、４万６０００人を擁した同東労組から3万人以上が去ったと報道されている。ストは構えるどころか、結局立ち消えになった。仮にストに入ったとしても電車の運行に大きな影響が出ない指名スト（組合執行部＝闘争委員会＝から指名された組合員のみストに参加する）の形をとると言われたにもかかわらず、である。東労組は「春闘敗北」の責任を問い、同年6月の大会で委員長以下執行部を刷新させざるを得なかった。

スト権ストは国鉄全線を8日間ストップさせた。大都市の通勤電車も、むろん例外ではなかった。政府、労使、その他何らかの関係者だけでなく一般の人々多数に影響した点で史上空前のストライキだった。

公共企業体（公企体）とはもはや忘れられた言葉になった。文字通り公共のための事業を実行、展開する企業体を指した。政府が１００％出資しているため事実上その管理下に置かれていた。国鉄、電信電話（現ＮＴＴ）、専売（現ＪＴ）の3公社と郵便（郵政）、アルコール専売、造幣、林野、印刷の5現業である。国民生活に直結する事業体で戦後、前記3公社について連合国軍最高司令部（ＧＨＱ）は、国の直営ではなく公社というワンクッションを置く経営方式を導入した。経営をうまく展開できれば労働者の賃金も上がり、自主性も拡大できて事業経営に創意工夫を導入できるはずだとして、ＧＨＱが政府直営による経営リスクを回避したのである。国鉄はその時点では赤字に陥っていた。

公共企業体はスト禁止

その一方、国の運営にかかわる根幹を担うのだからこれら公企体がストライキに入れば国民生活に深刻な影響を与える。長引けば、国家の運営にも支障が出る。日本を占領し間接統治（実際は直接統治とのミックスだった）したＧＨＱは１９４８年政令２２０号を発して、戦後、短期間（ほぼ2年間）保持していた国鉄労働者のストライキ（権）を公企体移行と同時に禁止した。占領間もない１９４７年2月1日に実行される予定だった官公労働者のゼネラルストライキ（ＧＨＱ最高司令官ダグラス・マッカーサーの命令により中止）計画が公企体化に拍車をかけた。ＧＨＱが発した政令は49年、実施された。

公企体職員の賃金をはじめ労働条件が経営当局と紛争化した場合、最終的解決は公共企業体等労働委員会（公労委）の判断にゆだねられた。現在は国有林野部門を除き各公企体の3公社5現業は民営化、独立行政法人化されるとともに、ストライキ権も得た。しかし、公企体時代にはついにスト権を回復できなかった。

ストを実行すれば、違法ストとされ、行政処分の対象になった。もちろんスト現場で紛争が起き、身体に傷つく人が出てくれば、それは刑事罰の対象になる可能性があったが、スト――処分と言えばおおむね解雇を最重処分とする行政処分を指した。

スト権回復は悲願

富塚　僕ら公共企業体労働者にとってスト権回復は悲願になっていた。私鉄と同じ鉄道労働者なのに国鉄の労働者にはスト権を認めない。僕らに言わせればこんなバカな話はない。だから思い切ってスト権を回復するためにストに入った。それまでも奪還闘争をしてきたが、今度は本気で決着をつけるストライキです。

建前はスト権奪還まで無期限。ただし本当に無期限にやるわけにはいかないから、短期決戦で決着させようと、実際には最初3日間の全線スト、続いて戦術をダウンさせて大都市の国電、新幹線などは走らせる4日間。それでも解決に向かわなければ再び3日間の全線ストというように10日間の闘争スケジュールを組んだ。だが事態が動かないので途中の戦術ダウンは実行されず突っ走ってしまい、全線ストは8日間続いた。

公労協（公共企業体等労働組合協議会・3公社5現業の主要労組共闘組織）統一ストだったが、メインは国鉄にあった。電信電話や郵便も国民生活に直結しているが、国鉄が日常生活で国民、市民に与える影響が最も大きいに違いないと初めからわかっていた。その分風当たりも強いにちがいない。だから全線スト突入には、それまでのスト以上に慎重な検討と判断が要る。後から富塚の1人相撲などという声が出たが、決してそうではなかったんだ。

8日間国鉄全線ストップ

ストライキ権回復の歴史は、具体的には1960年から始まった。この年、総評*に「スト権奪還特別委員会」が設けられた。その後、71年には労働基本権特別委員会に改組され、総評幹事会の諮問機関に変わった。以来、スト権回復は公企体労働者の大きな目標になった。その後、労働者たちはストライキ権を獲得したが、それは国鉄が民営・分割化されるのに伴う措置だった。公企体という組織そのものは消えてしまったのである。

それではスト権ストとは何だったのだろうか？　今から44年近く前（インタビュー時点では40年前）、1975年11月26日始発（一部長距離夜行列車は25日始発時から）に始まり、12月3日終列車まで8日間ぶち抜きで、国鉄全線をストップさせたストライキを指す。

このストは公労協9組合が統一して実行した。3公社5現業合わせて8企業体なのに9組合とはなぜか。公労協に加盟した国鉄の組合は国労と、動力車労働組合（動労）の2組合があったからだ。ほかに国鉄には同盟傘下の鉄道労組があったが、この鉄労をはじめ同盟加盟の公企体各組合は公労協には加わっていない（その後、国鉄には幾つかの小組合が生まれた）。統一ストだけに、国民生活に直結する郵便や、電信電話のストも同時並行した。ただ、国鉄以外は実施拠点や人員を絞った拠点ストや指名ストだった。

だから、その時代を生きた人々の記憶と印象に残るのは、スト権ストは何よりも国鉄全線が8日間ストップしたストライキとしてだろう。要求はシンプルで①政府は公企体労働者にストライキ権を認めよ――。②その上でスト権を認める立法措置を確実に講じること③このスト権ストへの参加者に対する処分凍結、であった。②、③は①に付随する要求だ。①の要求実現がすべてと言ってよかった。

＊ 日本労働組合総評議会＝連合の母体の1つで、当時最大のナショナルセンター。国鉄労働組合や全逓労組、全国電信電話労組＝現NTT労組など主力は官公労と言われ相対的には左派的立場をとった。常に右派的立場をとった民間の鉄鋼労連＝現基幹労連も総評の解体までは所属。ナショナルセンターとは政策的要求や春闘賃上げの基準を掲げ政府に迫り、労組員に闘争を呼び掛ける中央指導機関を指す。労働戦線統一が叫ばれ1989年総評は解散。同じナショナルセンターの同盟＝日本労働総同盟＝、中立労連、新産別と共に今の連合を結成した。

「田中内閣ならよかった」

――壮大なストによってスト権を回復しようとした。力による回復ですね、それで政府が動く

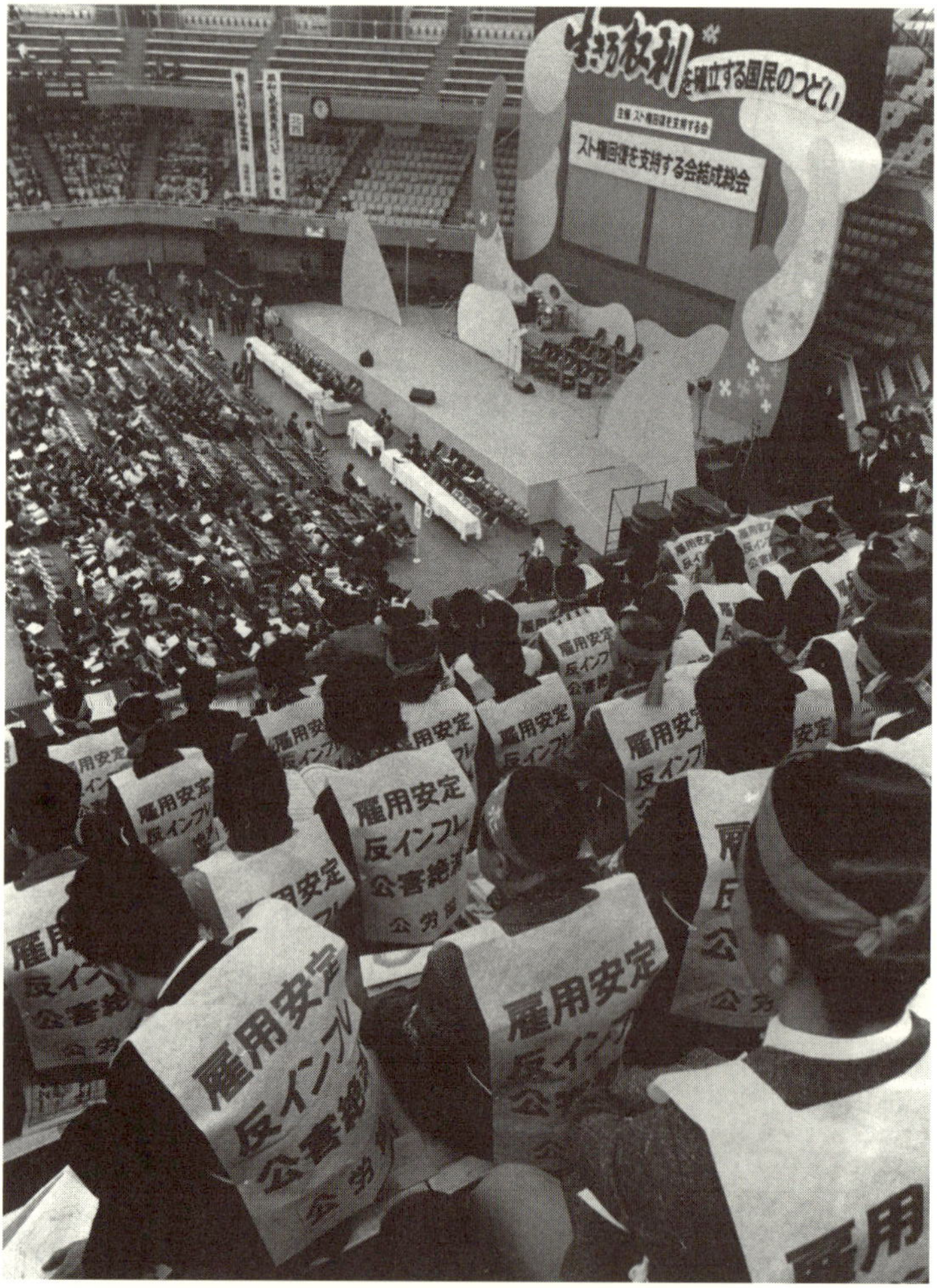

スト権回復を目指す「つどい」(1975年10月24日)。写真＝毎日新聞

という成算はあったのですか？

富塚　もちろんあった。なければやりません。しかし政府は殻に閉じこもって全くといってよいほど動かなかった。ああ、（自民党）田中（角栄）派への説得工作、つまり根回しが不足していたのかと、今なら思います。

何と言っても時の政権や与党が了承しなければスト権回復は実現しない。説得工作はどうしても必要だ。あの時、三木政権ではなく田中政権だったらよかったのにと、と考えることがある。（金脈が追及された末期ではなく）落ち目になる前の田中政権ならスト権を付与すると決意すれば実行できただろう。

東京―新大阪間を新幹線が走り出した１９６４年（最初の東京オリンピックの年）を境に、公社化以後黒字を計上していた国鉄は赤字に陥り、その後膨らみ続けていた。「我電引鉄」*の言葉が当時、まだ生きていた。田中角栄が自民党総裁―首相に打って出るために用意され、ブームを呼んだ田中の著書「日本列島改造論」は国土の均衡ある発展を目標とし、そのための方策を強調していた。

それぞれの地方を選挙区とする政治家や自治体の圧力、願いと同時に「国土の均衡ある発展」に、国鉄は否応なく協力し、寄与する必要があるとされた。このスローガンのもと、国鉄は赤字確実と予測される過疎地域にも鉄道を開通させ、運営した。建設は田中の肝いりで生まれた鉄道建設公団が引き受けたが、建設費用は実質的には国鉄が背負う羽目になった。走れば走るほど赤字が積み重なる。後年、37兆円と言われる膨大な債務を背負って解体された国鉄だが、赤字がはっきりしていても政治からの圧力路線を建設、運営し続けていた

公労協は国鉄、電電、郵便の3主要組合、**国労、全電通、全逓の書記長を代表幹事とし、公労協共闘委員会を設け、議長には代表幹事が輪番制で就いた。他の組合の書記長らは戦術委員会に属し、統一体制をとった。なぜ委員長が出ないのか？　公労協参加組合の場合、当時、組織運営の要は書記長が担うケースがほとんどだったからである。組織運営では国労をはじめ委員長がどちらかと言えば一歩引き、書記長が前面に出る組合は多かった。***

＊　我田引水という言葉から連想して政治家が強引に自分の選挙区を通る鉄道を国鉄に働きかけ敷設させた政治鉄道路線をそう呼んだ。

＊＊　同じ公企体でも国鉄の場合、国労の他に、前述したようにスト権ストを共に強力に進めた動労があり、ストには批判的な鉄道労組＝鉄労など複数の組合があった。その中で最も組合員の多かった国労が主要組合となる。

＊＊＊　国労末期になると委員長が前面に出た。国労は現在1万人を下回る組合として存続しているが、組織人員の激減によって対外的に影響力を持つ存在にはなっていない。事実上の解体と形容されることが多い。

電信電話、郵便はもちろん普段の暮らしにかかわり深い。その後の通信技術の飛躍的発展と、多様な利用の実現は社会、生活のありようを大きく変えた。いま、電信・通信が途絶すれば当時とは比較にならない影響を産業社会と人々の生活にもたらすに違いない。が、通勤、通学でユーザーが身体ごと利用する都市圏鉄道ストップの影響は今も大きい。当時の国鉄の市民生活における比重は、代替できる地下鉄、私鉄網が拡充されてきた今と比べ、より重かった。が、国鉄がＪＲに変わった今でもまだまだ生活に強い影響力を持つ点は変わらない。（事故は突発的に起きるとしても）鉄道が何らかの事故で長時間、不通になった場合の乗客の困惑を思い浮かべるだけで、そのことはわかる。

８日間、国鉄は全線ストップした。同盟系の鉄道労組員の比較的多かった一部鉄道管理局管内で列車は動いたが、わずかな本数にすぎなかったし、走った期間も短かった。

「三木首相は党内の動きを見守るだけ」

――ハト派・三木首相より金権が批判の的になった田中首相の方がよかったと？　スト権付与に理解があるとみられた三木政権だったからストに入ったはずです。

富塚　三木さんはああいう人で、首相に就いても（グループと呼ばれた小派閥や派閥横断的な緩

抗議声明を読み上げる富塚三夫（中央。1975年12月1日）。写真＝毎日新聞

い結束の勉強会等を除いて）派閥は自民党で最も小さかった。それだからか三木は、スト権スト中、事態を見守るばかりで動かなかった。内心は条件付きでスト権付与に積極的とみられていたが、そうした言動を一切公にせず、最終的には中曽根（康弘・自民党幹事長。後に首相）の提出した声明案に基づきスト権付与拒否の立場を明確にした。個人的にスト権付与を考えていたとしても党内で何も手を打たない。党内の動きをじっと見ているだけ。党内基盤が弱かったから反対派に囲まれ、僕たちには逆に強く出なければならなかったんでしょう。

三木を首相に指名した椎名（悦三郎・自民党副総裁）も後ろ盾にできなかった。本来は総裁になったら1億円ぐらい持って椎名に挨拶すべきところだったと思うが、そんな話も聞かなかった。

＊　三木さんはああいう人…戦後しばらく権謀術数に長けた政治家と見て三木を、バルカン政治家と呼んだ政治家もいたし、メディアもあった。小国が乱立したバルカン半島諸国でしたたかに生き延びるタイプの政治家を形容した言葉だが、三木は幾つかの小政党の要職を占めた後、改進党を経て自民党に合流してからは一貫して〝保守リベラル〟の立場を貫いた。だが、自らの理念と実際政治の「状況」がぶつかったときは自分の理念を先行させない、自己の考えを封印する保身にたけた政治家という意味で富塚は、ああいう人、という言葉を使ったと思われる。

自民党労働族はほとんど福田派（現細田派）

富塚　当時、自民党の労働族はほとんどが三木の次に首相に就いた福田（赳夫）派（現細田派）だった。これは伝統的にそう。党の労働問題調査会を牛耳っていたしね。自民党内の労政を握っていた。その福田派はスト権を認める方向でおおむねまとまっていました。

福田派には労相（現厚生労働相）を複数回務めた労政のベテラン、倉石忠雄がいて当時は公労法問題調査会座長だった。だけど、倉石は「ストは3日間で収めるように」と僕に言ってきたが、何か成算があったのかどうかは今もわからない。倉石の調査会はほとんど機能しなかった。僕にはそう感じられた。スト当時の長谷川（峻）労相は旧石井（光次郎）派出身で、当時は福田派。彼は国会で（私鉄並み）条件付きでスト権を認める答弁*をしていた。田中派も当初はスト権に理解を示していたと思う。

すでにスト権については1973年の春闘後に政労会談が開かれていました。当時の大木正吾・総評事務局長と田中派の番頭だった二階堂（進）官房長官の会談で、1年半後にスト権問題のメドをつけるということで合意していた。その時点でスト権問題は政府も何とかしなければならないと考える段階に来ていた。そこまで盛り上がっていたからこそ政労会談のテーマになったのです。ＩＬＯ（国際労働機関）も労働基本権であるスト権を認めるようたびたび政府に勧告していたしね。

スト権を回復しても条件付きになるのはわかっている。しかし初めからそうは言えない。何を言ってるんだと、組合員が噴き上がってしまう。だからそのあたりは抑えてスト前や突入後にも具体的に回復に伴う条件については言及しませんでした。

＊　長谷川労相の答弁。75年6月の衆院社会労働委員会で長谷川労相は「（今後は）ストと処分の悪循環を断ちたい」と答弁した。これを公労協は実質的にスト権の容認答弁と解釈した。その後の推移からみてこの解釈は当たっていた。この答弁は自民、社会党間で練り上げていたというから、その解釈が当たっていたのも当然だった。旧石井派は朝日新聞主筆等を務め、戦後自民党副総裁に就いた緒方竹虎が緒方派を結成し総裁に上り詰めようとし

た矢先に急死、同紙の営業畑を歩み、専務取締役を務めた後、政界に入った石井光次郎が派閥を引き継いだ。

当時の自民党には最大勢力の田中派（現竹下派）という太い幹があった。それに並ぼうとするように福田派、宏池会（大平派）、三木派、中曽根派などの主要5派閥が政策や人事で競っていた。首相は組閣の際には、各派閥領袖から出される推薦をかなり容れるのが慣例だった。田中派のオーナー、田中角栄は1974年秋、その後、〝知の巨人〟とも形容されることになるジャーナリスト・立花隆の金脈追及（月刊「文藝春秋」同年11月号掲載）記事を発端にして、触法すれすれのカネづくりのからくりが暴露され、批判の嵐にさらされた。火だるまになった田中は結局、首相辞任に追い込まれ、副総裁・椎名悦三郎の裁定で同年11月、三木が後任の首相に就いた。

この裁定を三木自身が「青天の霹靂《へきれき》」と呼んだ。首相候補とされていた領袖たちに公式に椎名が言い渡す前に三木は総裁指名を知っていたことは後に三木夫人の睦子が著書「信なくば立たず」で明らかにしているが、大局的に見ればまさに三木の呼んだ通りだったろう。金権批判の中で自ずと〝首相指名権〟を得た副総裁・椎名はクリーンと自負し、世間でもおおむねそう認めていた三木を指名したのである。

「ここで自民党の金権イメージをチェンジする」。そんな椎名の思惑が党内で傍流とされた三木を首相の座に就けた。小派閥の領袖ではあっても三木の政治家としての経験はすでに十分だった。

田中はスト権ストの翌76年7月27日、受託収賄容疑で東京地検に逮捕され、自民党を離党、長い裁判の被告人になる。それでも椎名後のキングメーカーとして、85年2月27日、脳こうそくで倒れるまで「闇将軍」と批判されつつ党内に強い影響力を保持した。

富塚　それが1年半後の1975年秋を迎えたというのに政府側から何の音沙汰もない。シグナルすらない。公労協共闘委員会で議論を積み重ねてきたんだが、強硬論がどんどんリードするようになる。だから共闘委を開くたびにやるぞ、と気持ちは昂ぶります。といって無鉄砲に突き進むわけにはいかない。公労協9単産（組合）統一と言っても、ストに突入すればまず国鉄の労働者が矢面に立つからね。それは覚悟しても、収拾のメドをある程度つけておかなければストには入れない。

「腹をくくれ」背中を押した当局

――スト中の8日間、鉄道現場で大きなトラブルは起きなかった。

富塚　それは国鉄当局（経営側）が手を出さなかったことが大きな理由です。当局の労務担当は職員局です。橘高（弘昌）職員局長――川野（政史）労働課長のコンビで国鉄内労政を進めていたが彼らとは話がついていた。

それどころか僕が最終的にスト突入を決断したのは「トミさん、腹をくれ」と川野に背中を押された時だ。その時はあるところで川野と朝日の論説委員と僕でいろいろ話していた。細井（宗一）*もいた。ま、情勢分析。朝日は早くからスト権回復に強い支持を寄せていたし、僕もその論説委員とは親しかった。それに彼と川野は仲が良かった。川野は東大法学部出身で腹の座った国鉄官僚だった。官房長官の二階堂（進）とは同じ鹿児島出身の薩摩っぽ。仲人も二階堂。その能力と相まって周囲から将来の国鉄を背負う逸材とみられていた。朝日には永井道雄**経由の情報ルートがあった。永井は朝日の客員論説委員の経歴を持ち、非議員だが三木内閣に文部相（現文科相）で入閣した。閣内で三木内閣の動向を把握できる立場だった。僕と情勢分析していたその論説委員を通じても政府のスト権に対する情報は、ある程度得られそうだった。

細井は収束後に、ストに反対だったように言っていたことがあるけれども、その時ははっきり支持しました。川野はスト―処分―ストの繰り返しは国鉄を荒廃させるだけだ。根本的に解決するには（政府の決定と中労委の裁定には従う）私鉄並みの条件付きでスト権を持たせた方がよいと考えていた。

さらに労相のスト権付与是認の答弁は、福田派（清和会）のゴー信号を意味した。田中と親しいとみられた（国鉄）技術畑出身の藤井（松太郎）総裁は国会に呼ばれてスト権を肯定する答弁をした。マスコミ論調もおおむね我々の主張を理解してくれているようだった。客観情勢はスト権回復に向かっていたのだ。

＊　国労中央執行委員、企画部員、故人。細井の存在の重さについて富塚が話している部分は後述。

＊＊　評論家。朝日新聞客員論説委員。父は戦前弁舌で定評のあった政治家、永井柳太郎。

このストが国鉄当局と事実上の〝共闘関係〟だった点を当時、書記長・富塚の下で企画部長を務めた盟友、武藤久[*]は、今回のインタビューで「全国の列車を全部ストップさせる。それが当局の協力なしにできると思いますか？」と応じている。

＊　富塚の次の次の国労書記長で実質的な後継書記長。このインタビュー、もう1人の当事者。この稿では読者に断りなく必要な際に富塚と共に武藤の応答も語られる構成にしてあることをお断りしておく。

国労幹部と田中角栄の仲

富塚　スト権ストのしばらく前まで、田中角栄は細井宗一の電話に「何とかしような」と答えていた。ところがストが迫ってくると、もう電話に出なくなった。細井は、国労内3分の1の勢力、共産党系組合員（革新同志会＝革同）を束ねる存在だった。彼の軍隊時代の部下に田中がいた。糸魚川出身の細井は応召後、仙台の陸軍予備士官学校*を卒業したと言われる将校だった。ノモンハン事件などに従軍したと聞いている。

その後、盛岡の騎兵旅団**に配属されるが、そこへ田中が入隊してきた。口ひげを生やしていた田中を見て細井はその理由を質した。すると田中は「ハイ。目立つ存在になりたいからであります」と答えたのだとか。そんなエピソードを聞いています。再び満州（中国東北部）に赴任した細井は敗戦でシベリヤに抑留された。敗戦時は少佐だったと聞いている。

国鉄の解体過程を重層的に描いた『昭和解体―国鉄分割・民営化30年目の真実』（牧久、講談社）によればひげをはやしたまま入隊してきた田中は下士官にそれをとがめられ、殴られると「目立つ存在になりたいからです」と胸を張ったという。

帰国後は国鉄で、労働運動を始めた。新潟闘争***解決交渉の主役となったが敗れた。受けた教育と体験を生かしたのか、もともとその資質があったのか、指導力を備えていました。田中は戦後、田中系の中核企業****の経営を任せようとオファーを出したが、細井が断ったと言うんだ。日ごろから細井は、田中と自分の関係を組合内でも当局に対しても否定しなかった。田中の存在が大きくなるにつれ、当局も細井に対しては両者の関係を頭に入れて接するようになったと思う。

＊　主に一線勤務に就く尉官等下級将校を養成。

＊＊　盛岡騎兵第3旅団24連隊第一中隊。

＊＊＊「国鉄新潟闘争」　1957年7月、容共派・革同（革新同志会）系組合員の強かった新潟地方本部が実行した労働争議処分反対闘争。駅や工場の勤務時間内の職場大会という形をとり、ダイヤの遅れを生んだ上に闘争は長びいた。新潟局管内の国鉄に限定された闘争だったが、国労本部から中執の細井が派遣され、河村勝・同地方管理局長（のちに民社党衆院議員）と交渉、まとまりかかる直前に新潟県警が組合員5人を逮捕、収拾は困難になった。最終的には20人近い解雇通告を受けた国労側が折れ、労働側敗北で収拾された。この闘争をきっかけに国労新潟地本は分裂。国鉄新潟地方労組（新地労）が誕生し、これが後に生まれた労使協調型組合、鉄道労組（鉄労）につながる有力組合になる。

＊＊＊＊　越後交通と言われる。

田中（派）工作は軍隊時代の上官で共産系

富塚　細井は兵隊時代の田中がへまをしても随分かばったらしい。そんな関係があるから田中自身と田中派の説得工作を細井に任せていた。いや、任せすぎた嫌いがあったか、と今は思っている。僕も田中派の実務を取り仕切る会長で実直な政治家と言われた西村栄一のもとに出向かなかった。この西村がこの年9月の田中派の研修会でスト権付与に強く反対した。その主張が派内に拡がり、党内を包んでいったと理解している。やはり当時は田中派が自民党の核心部分で強かった。

もともと自民党は公労協にスト権なんか与えたくないんだよ。それでもＩＬＯ（国際労働機関）から政府がつつかれるし、大木――二階堂会談の約束もある。僕らの熱心な説得工作もある。党内左派の三木内閣だ。更に僕らは公労協共闘委で政府がはっきりスト権付与を打ち出さなければ全面ストに入ると確認している。

細井擁護の大演説

富塚　細井はかって国労を除名になりかかった。それは１９６４年の４・17半日ゼネスト*を前に共産党系の労組が同党の指令で撤退した問題が起きたからです。

ゼネスト自体は総評議長だった太田（薫）と池田（勇人首相）のトップ会談で、妥協が成立して突入前に収拾したんだが、現場の組合員は怒った。共産党の労働運動に対する介入、引き回し（政党が大衆運動である労働運動に介入し、運動をその政党の方針に従わせること）ではないかとね。国労内では細井除名の動きが強まっていた。その年7月の北海道（旭川）の大会（第25回）で「2人除名」が提起された。国労内で共産党系組合員が集まる革新同志会を束ねて、強い指導力を発揮する細井を除名するのは国労を弱体化させる、と考えた僕は細井擁護の大演説をぶった。その時、僕は東京地方本部の書記長だった（注　もう1人の共産党系中執の子上昌幸も同時に除名対象になったが免れた）。

それが代議員の胸に届いたのか除名提案は否決された。以来僕を「命の恩人」とか言って深く協力してくれるようになった。国労内3分の1の共産系勢力を引き付けておくことは僕にとっても重要だったしね。

＊「4・17ゼネスト」　1964年の春闘で、公労協は半日ゼネラル（一斉全面）ストを計画。これを軸に据えて春闘を展開するよう盛り上げを図った。しかし、総評事務局長だった国労出身の岩井章らは国労の内部が脆弱とみて交渉解決を進め、スト突入直前の16日、池田、太田トップ会談が開かれた。その結果「賃金に関しては公労委（公企体等労働委員会）の結論を尊重する」とする政府見解が示され事態は収拾。その前、8日に共産党は、「統一ス

トは分裂主義議者の挑発」とする声明を発表した。同党機関紙「アカハタ」は以後も連日、「挑発に乗るな」と党員及び同党を支持する国労組合員に呼び掛けた。この結果、共産系組合員が続々スト体制から離脱。スト指令を返上した。共産党はその年夏までにこの誤りを認めたが、国労は30人以上の共産系の組合幹部を除名した。

また、富塚は具体的には触れなかったが、細井、子上らの除名問題では富塚ら東京地本を中心に、「除名せず」の方針を打ちだし、内部で周到な根回しの上に、富塚の「擁護演説」になったと言われている。

55年体制へ

国労内の勢力は大きく分ければ社会党系3分の2、共産党系3分の1というところで社会党系の中でも民主化同盟左派（民同左派）が主流を占めることが多かった。では民同左派とは何か？　敗戦翌年の1946年は連合国軍最高司令部（GHQ）が占領した日本の大改革に踏み込んだ年であり、その流れに乗って国鉄労働組合が誕生した。46年2月27日、石川県片山津で、国鉄労働組合総連合会が産声を上げた。翌47年6月5、6日、伊豆長岡で開いた第1回結成大会で総連合会は単一組織である国鉄労働組合（国労）となって出現した。*

国鉄は外国（地）から引き揚げてくる軍人、軍属の一部、様々な鉄道関係者の受け皿になり、膨れ上がっていた。運輸省鉄道総局（佐藤栄作長官―後の首相）は、この年7月、55万人の職員のうち7万5千人削減を計画し、組合に提示した。これにどう対処するかで生まれたばかりの国労は早くも闘争派と容認派に分かれて対立した。定員削減問題はストで対抗する方針を打ちだした闘争派が勝利し、鉄道総局側は譲歩した。定員削減を引っ込めたのである。この問題は49年に再燃する。国労内の対立は容共派対反共派の構図で進み、その後、日本の多くの組合で起きた内部対立の原型ともなった。

官公労働者の賃上げ要求に端を発し、47年2月1日に実行されるはずだった全国統一ゼネストはスト前日にマッカーサーGHQ最高司令官の命令によって中止させられた。同年秋、国鉄反共連盟が生まれ、翌48年3月には、国鉄労組民主化同盟（民同）に衣替えした。また、民同派と共産系の激しい確執の中間に位置しようとして48年4月、国労革新同志会（革同）が誕生。革同は当初、社会党最左派から離党して設立された労働者農民党（黒田寿男・委員長）を支持したが、同党解散などを経て共産党支持色を強めた。革同は組合内に限れば、発足とほぼ同時に労農党だけでなく共産系と連携をしている。

戦後日本は様々に錯綜する国内外の情勢の中で、時には進路に迷いつつも、国土に米軍基地が多数存在する中、独立回復後も日米安全保障条約によりアメリカの傘下で生きる道を歩んで行く。1952年、沖縄、小笠原等を除き占領行政は終わったが、国内は保守、革新勢力の対立が続く。対立の中で自民党の政権、これに噛みつきつつ自民党の少々の譲歩を得て、膨らんだりしぼんだりする社会党が併存した。左右に分裂、それぞれ独立した政党として活動していた左右社会党が1955年、社会党1本に統一された。これに刺激された面もあっただろう、同じ年、自由党、民主党の保守2党は合同した。社会党統一に反対した一部右派同党内勢力は民社党を誕生させた。55年体制と呼ばれるこの体制は、自社相互補完の面をも形成しながら1900年代初めに細川8党連立政権が生まれるまで続く。

＊ いずれも温泉地で開催しているが、大会代議員多数が滞在できるだけの規模が望まれるため、宿泊施設の多い温泉地か大都市を開催地にするのはその後も慣例化した。

スト権ストで運動のピーク

そんな中でも1975年のスト権スト時をピークとするまで「マル生運動」（後述）を克服した国労は上り坂を歩んだ。左右分裂を経て保守合同に先んじた55年の社会党統一まで、民同派も分裂を経験した。民同派のうち右派は鉄労に合流し民社党支持にまわり、左派は社会党の有力な支持基盤になった。同時に民同左派は革同と提携。その革同は労農党の解党もあって、次第に共産党支持を強めた。民同左派は国労内では革同と手を組むが、外では共産党を支持しなかった。国労内には社会党員協議会がつくられ組織内随一の実力派閥になっていた。組合員は派閥を「学校」と呼んだ。

その後、社会主義協会誕生からしばらくして民同左派内にも同派勢力が浸透した。富塚以前、強力な労働運動の時代に国労の生んだ「初代スーパースター」と称された岩井章（国労の中央執行委員から総評事務局長に就いた岩井は合化労連出身の太田薫議長と共に、全盛期の総評で、実務を切りまわす存在であった）は後に社会主義協会の重鎮とみなされた。ポスト岩井の国労は、民同左派を主軸として動き、「2代目スーパースター」と称された富塚を得て、スト権回復に挑んだ。

戦後労働運動はここでピークアウトしたと言ってよいだろう。国労以外の公労協各組合の盛り上がりもあった。民間賃上げもおおむね右肩上がりで進んできた。敗れはしたが、石炭から石油へのエネルギー転換を背景に炭鉱労働者の三井三池炭鉱争議のような壮大な闘争も、労働運動は経験した。

しかし、スト権スト後の国労は徐々に社会主義協会向坂派が力を伸ばし、その末期には青年労働者間に新左翼各派も入り込み、提携していた革同も離れ、民同左派の力量はもはや弱まり、指導力を発揮できなかった。原則論を振りかざす職場抵抗論を制御しきれず、国労は崩壊の道を歩んだのである。

「心配は放火」

――スト中、身辺の危険を感じませんでしたか？

富塚　スト権スト中は東京駅前のホテルから闘争本部を置いた水道橋の全逓会館まで通いました。警視庁がＳＰをつけましょう、と言ってきたが断って、青年部員が護衛に就いた。郡山（福島県）の右翼２人が富塚襲撃のために上京したという情報があった。闘争本部に向かうため車に乗ったところでそれらしい２人が近づいてきたが、ガードの青年部員が「あの２人でしょう」と言いながらうまく運転して撒いた。自宅周辺の電柱には僕を糾弾するビラがべたべた貼られた。ビラには「ストをやっているのはこの俺だ。文句があったらいつでも来い」と書いてあった。

警視庁からは当局経由で「右翼が京浜東北線の赤羽橋鉄橋を爆破する計画がある」という情報が入ってきた。品川駅構内へスト中の組合員を激励に出向いたときはその場で「富塚を殺せ」と書いたビラが撒かれた。殺すなら殺してみろと腹に力を込めたよ。指導者である以上そうするしかない。いちいち僕がビビっていたらどうしようもない。中には自宅が危ないという情報が入っただけで、慌てて帰る指導者もいたがね。それ以上のことはなかった。家族は実家に帰していたんだが、心配だったのは放火。周囲が延焼したら大変だからね。

壮大なカラ打ち　殻に閉じこもる政府

——結局ストは公労協側にとって、何らかの実をとって収拾するというきっかけをつかめないままだった。壮大な空（カラ）打ちストで終わった。

富塚　政府・自民党が殻に閉じこもってしまった。スト権問題に関する関係閣僚協議会専門委員懇談会の意見書がスト突入当日の11月26日に政府に提出された。（意見書は長文だが）「現段階では公企体労働者にスト権を認めることはできない」、とする内容で各公企体の経営形態が現行通りでよいかが検討されていた。国鉄の経営形態は現行通り公社制となっていたが、同時にスト権も認められていなかった。がっかりさせる内容だった。これを受けて12月1日、三木首相は声明*（注4）を発した。続く記者会見でスト権付与をはっきり否定してみせた。

広範な資料と関係書物を駆使して元国鉄幹部職員（職員局総括主査）が著わした「戦後史の

なかの国鉄労使―ストライキのあった時代」（升田嘉男、明石書店。以下引用する場合は升田書と記す）は、「それは国鉄の経営規模の分割、あるいはローカル線などの経営形態の変更の検討を求めるものであり、これこそは第二臨調（第二次臨時行政調査会）の分割・民営化論議のさきがけとなるものであった」と指摘する。

それまでにも国鉄赤字の累積に従って、経営形態については民間でも議論はされはじめていた。74年10月、日本労働法学会有志は、「スト権は憲法上の基本的人権に関わる問題であり、経営形態を問題処理の前提にするのは本末転倒」、とする声明を発している（国鉄労働組合50年史による）。意見書の内容を先読みしてそれに批判、反対したかのようだ。ただし実際に分割・民営化が政府・自民党や経済界にイメージされ始めたのは政府の公式機関であったこの専門委の意見書の内容が影響した。

＊　三木内閣の声明（全文）　政府はかねてより三公社五現業などの労働基本権問題などについて検討してきたが、その基本方針を次のように決定し、健全な労使関係の確立を図りたいと思う。

一　法を守ることは、民主主義の国家の根幹をなすものであり、本問題の解決には、このことを確認することが必須の前提となる。

二　公共企業体等関係閣僚協議会専門委員懇談会の意見書の趣旨を尊重し、その内容の具現化につき検討をおこなう。

三　三公社五現業などについて経営のあり方及び料金決定制度などの改正を含む当事者能力の強化の方途を検討する。

四　現行の公共企業体等関係法をはじめ関係法規を全般に検討し、必要な改正を行う。

五　以上につき、できるだけ早急に結論をまとめ行政上の改革及び法案の国会提出をおこなう。――

公企体等閣僚懇専門委の意見書は公企体労働者のスト権を認めなかった。内閣声明は意見書の趣旨を尊重するという表現でスト権付与拒否を表明した。

労働者魂は見せた――首相声明で撤退を決意

富塚　首相が現に行われているストを前に「スト権は付与しない」と、こういう形で述べたのだから、もはや三木内閣でスト権問題は解決はできないと思わざるを得なかった。首相は声明後の記者会見では誰にもわかるように、スト権問題は国会審議で決めることと強調し、首相のイニシアチブでスト権付与に向かうのをはっきり拒否して見せた。

退く時。そう判断した。何も獲得できないままストを中止したのでは、様々な批判が出るだろうとは考えたが、首相が国民に向かって声明した以上、いつまでもストを続けたってどうしようもない。（最強硬派の）松崎（明・動労東京地方本部委員長。のちに本部委員長。故人）も

政府声明を発表する三木武夫首相（1975年12月1日）。写真＝毎日新聞

同意した。指導部も現場の労働者も疲れ切っていたし……。国鉄に働く者の団結力と意志の強さはとにかく見せた。労働者魂だよ。（国鉄が）国民の足であるという気持ちは（我々みんなに）強いわけだからね。保坂（尚郎・全逓書記長。故人）には声明当夜、僕の気持ちを少し話した。

山岸章（連合初代会長。故人。当時は全電通書記長で公労協代表幹事の一人。スト権スト当時は山岸が輪番制の公労協共闘委議長に就いていた）は自著『われかく闘えり』（1995年、朝日新聞社）に次のように書く。

12月1日の午後1時、公労協の書記長会議が開かれた。この時も私が議長を務めた。そしてその日の夜、三木内閣が声明を出すことになった。（略）その内容がすでに手許に届いていた。「労働基本権問題の解決は法を守ることが前提」などというわかったようなわからないような不透明な内容だった。（略）

実際のところみんながこの「三木声明」でやめたかった。特に国労は世論の風当たりがすさまじく「もう十分」「これ以上はやばい」という雰囲気にすっかりなってしまっていた。

しかし私はここでやめたら後々のためにならないと思った。（略）私は「こんな声明では話にならん。私たちはスト権奪還闘争をやっているんだ。それなのに、今なぜ、政府はこんなことを言うのだ」と言った。すると、私の勢いにつられたのかどうか「そうだ、そうだ」という声が次々とあがった。「ではストライキは既定方針通り続行！」。すかさず宣言して私は立ち上がった」。スト続行が決まった。（略）。

2日の午前2時ごろ私は帰宅した。すると、全逓書記長の保坂氏から電話がかかってきて「これ以上ストを続けると、国労がもたない。このあたりで中止したらどうか」という。「国労は断固やるといって始めたのだから、今更もたないと泣き言を言ったところで知ったことではない。まあ、全逓がもたないというのなら、我が全電通とは兄弟の関係でもあることだし、考えないでもないが……」（略）。「ヤマさん、そう言わずに国労のことも考えてやれよ」――そんな会話をしたことを覚えている。（略）

私も「そろそろ考えなくてはならんな」という気になっていた。そこで（略）2日朝8時、田辺（誠・のちに社会党委員長、故人）氏を交えて話し合いが始まった。田辺氏は全逓出身で、そのとき社会党のスト権対策委員長を務めていた。

全逓書記長の保坂氏が「もうこのあたりで収拾すべきではないか」と言い、私は「国労はどうだ？」と尋ねた。すると富塚氏は「実は私のところもこの辺で…」と言う。こうしてスト収拾の方向へ向かうことになった。

――このあたりの、山岸氏が書いているような推移はどうですか？

富塚　田辺氏からスト中止の呼びかけがあったのは事実です。ストを続行しても衆院解散、総選挙になり、社会党は壊滅的打撃を受けると脅されたのが頭に残っている。続行か、収束か迷ったのも嘘ではない。

結局、富塚はスト収拾に関する山岸の記述についてはストレートには答えなかった。[*] ただしこの応答でも、スト中止に踏み切った状況をほぼ把握できる。いずれにしろ中止は事態を打開できないという状況に押された判断だった。

故人となった保坂を富塚はいまも仲間として評価している。保坂が三木声明と記者会見のあった1日夜、富塚から話された収拾の意向をこういう形で山岸に伝えたと推測できるのではないか。山岸はスト前には、ストでスト権を回復するという方針に、慎重な態度をとり、実行すると決まってからは、公労協内で積極派とみられた組合に「へどが出るほどストをやらせ、壁に頭をぶつけて反省させる必要があった」と同書で説く。スト権回復は世論の広い支持がなければ実現しないことを積極派の組合にも肝に銘じさせるべきだ、と考え、断固スト貫徹の立場に立った、と〝逆説的〟な説明をしている。

ただし、同書はスト権スト後20年、山岸が右派労働運動を包摂した連合初代会長を務め、特にその政治的な存在感を十分に発揮した後の刊行であることに留意する必要がある。

＊ インタビュー時86歳だった富塚は難聴気味になっており、数回同じ質問をして、応答がストレートに返ってこなかった場合、質問を強く押すのを差し控えるシーンもあった。前述の質問に対してははぐらかしたのかもしれないが。

――スト権拒否で強い影響力を発揮したとされる椎名・自民党副総裁や中曽根康弘・同党幹事長（のちに首相）への働きかけはしなかったのですか？

富塚　そこまではしなかった。三木首相に意見書をひっくり返す決断を期待したんだが、やはり無理だった。収拾を決意したときには一種の虚脱状態になったが、しかし、心の一方でこの大ストライキをやりきった、という満足感も大きかった。12月4日、始発列車が東京駅を出て行くのを（注　東京駅八重洲側南口のすぐ近くにあった）国労会館の上階にある自分の部屋に戻ってみていた。整然と列車、電車が出入りする。あれだけのストの後でも何事もなかったかのように、何の乱れもなく走っている。これが鉄道に働く者の〝労働者魂〟だと、本当に涙が出た。

田中を通じ中曽根を動かすアイデアは不発

武藤はこのあたりの事情を次のように述べた。

武藤　トミさんは自分が動くと公労協の中で問題になるから、細井に田中のところへ行ってくれ、と伝えろと私に伝言してきた。後に中曽根が内閣を組織したとき初めは“田中曽根”内閣などと揶揄された中曽根です。当時も中曽根に対する田中の影響力は絶大とみて、何とか現職幹事長である中曽根に、スト権付与に前向きの発言をさせるよう田中に頼めというわけです。突入以来5日目（11月30日）だったですかね。

ところがトミさんがどこにいるのかわからない。ちょっとした雲隠れ。秘書の1人が伝言してきたのだから普段は口の堅い彼を強く質した。やっと金大中ホテル*にいるのが分かった。駆けつけると状況が動かないからトミさん、半分やけっぱちのようにも見えた。細井にトミさんの意向を伝えたが「もう遅すぎるんじゃないか。オレは行かん」。数年後、私が田中にあった際、「あの時、細井は来なかったなあ」と言われましたよ。

＊　東京・九段に建つホテル・グランドパレスを指す。1990年代末から2000年代初頭にかけて韓国大統領を務めた金大中が、1973年日本滞在中の宿泊先だったこのホテルから拉致された。韓国中央情報部の関与がその後、明らかになったが、金大中の人権の他に国家主権の問題もはらんで日韓間の大きな問題になった。武藤はこの事件の印象からそんな呼び方をした。

スト権問題を検討する関係閣僚協議会専門委員懇談会の事務局は警察官僚出身で事務担当の川島広守*内閣官房副長官が仕切っていた。川島はこの協議会の事務局長に就いていた。

懇談会のメンバーの座長は田中に近いと見られていたNHK会長の小野吉郎。意見書の起草委員は三雲四朗（産経新聞論説主幹）、中川順（東京12チャンネル社長―現テレビ東京）、木下和夫（大阪大学名誉教授）、それに慶応大教授の加藤寛（後に千葉商科大学長、故人）だった。当初、4人のうちでは加藤だけがスト権付与に積極的とみられていた。川島は大蔵省（現財務省）から内閣官房に出向して懇談会事務局を担当した職員の一人に、意見書のたたき台を作るよう指示した。川島はスト権付与に反対だった。起草委員に提出されたたたき台を検討する過程で、加藤は他の3人と同様、スト権付与に反対する考えに変わった。意見書は前述のように11月26日、首相に提出された。

＊　のちにプロ野球コミッショナー。故人。同官房副長官は通常2人が担当し、他の1人は政務担当で政策をはじめ多様な問題の内閣と与党間調整のほか、内閣と野党間の水面下の調整を担う場合もある。しかし事務担当も各省事務次官会議を仕切るだけに、実質的には政務にかかわる場合も多い。

富塚　スト突入初日にあんな意見書を出されて……。加藤寛にはがっかりした。

専門委懇談会の意見書の国鉄部分は次のように記されていた。

現状では経営・管理能力の限界を超えているのではないかという判断もあり、その分割による経営単位の縮小化やその旅客輸送のための幹線網の運行、中長距離大量貨物輸送以外の部門についてまで、これを国として所有し経営することが必要であるか否か、また、住民の需要を充足する交通手段として国の所有する形での鉄道が必要であるかどうか等の問題も、この際、十分検討すべきである。

意見書はこう書いてきて、「民営ないし民営に準じた経営形態にしない場合には争議権（スト権）は認められない」と記し、国鉄の経営形態は当面はまだ現行通り公社によっているのだからスト権を付与しないというのである。

この意見書でもう一つ見逃せないのは、スト計画・実行者に対し、①民事上の損害賠償請求の強化、②刑事的な訴追の実行——が具体的に提言されたことである。このうち損害賠償請求はスト権スト後、国鉄当局が政府・自民党内強硬派の意向に動かされて組合に対し実行した。この時、報道等に表だって現れてはこなかったが、政府内で自民党からの要求によって富塚に対する刑事訴追の検討があったのか？　それが冒頭の三木のジョークにつながっているのか？　ストに対する刑事、民事上の責任追及は法の上では免れることになっている。しかし、「違法ストの場合は責任を問うべきだ」というのが自民党強硬派の見解だった。

政府に提出された意見書は国鉄の経営形態は現行通り公社制の維持であることは述べたが、そうである以上スト権は持たせないとされ、電電公社（現ＮＴＴ）については現行の公社制維持と民営化の両論併記で、郵便は国営を維持する内容だった。

三木首相のブレーンと自他ともに認めていた加藤はスト権付与を否定した理由を次のように記す。

私がくみしていた民主社会主義の立場からはスト権を認めるべきだったにしても考えねばならない条件は他にもある。金脈問題で田中首相が辞任し政治不信が高じていた政治状況を踏まえると、あそこで官公庁や公社の強大な労組にストライキ権を与えていたら社会主義的な勢力を勢いづかせ、その後、社会情勢に波風を立てる大きな要因になったのではないか。後年の三公社民営化など、到底、実現していない。

また三木首相はそれより前、この懇談会を「審議不能にしてくれ。潰してくれと電話してきた」と書いている。その理由を「条件付きスト権付与論者の首相は田中前首相が設けたこの懇談会を無力化しないと自分の考えを実現できないと判断して旧知の私に依頼したのだろう」と推測している。（いずれの引用も『日本経済新聞』２００５年5月14日文化面「私の履歴書」）

三木が「審議不能にしてくれ」と電話してきた時期はわからないが、審議が進んでからだと、電話の意味もないだろう。

加藤は三木の心中について特集番組・ＮＨＫスペシャルの取材班に対し「これはもう明らかに条件付き付与です。（略）私は三木さんのそういう考えを年中聞いていました」「要するに三木さんは、労働者に、労働三権の一つであるスト権を認めなければ、日本は民主国家とは言えないじゃないか、という考え方を持っておられました」と答えている（『戦後50年　その時日本は　国鉄労使紛争―スト権奪還ストの衝撃』ＮＨＫ出版）。

加藤は同書によると75年11月15日からパリ郊外ランブイエ城で開かれた第1回先進国首脳会議（Ｇ７サミット）に、三木から（ブレーンとして）同行を求められた。パリで三木は加藤にスト権付与の重要性を説いた。が、加藤はこれにはっきり反対したという。

抑え込まれた首相

スト権ストを囲む情勢は「保守でリベラル」の立場に立つ首相と、組合と妥協しつつも政府に対し当事者能力を強めたい国鉄公社当局、それに労働組合、社会党、共産党等の「革新」と言われた勢力が条件付きでもスト権付与・回復を求め、これに対し与党、自民党の大半が反対する構図となっていた。

首相の率いる自民党三木派はスト初日に、党内の機関決定に首相が従うよう決議した。派閥の同志—俗に言えば子分たちが親分の独走を警戒し、抑えにかかっていたのである。首相には椎名をはじめ党内各派から強い圧力がかかっていた。

奇妙な構図だが、結局、三木は抑え込まれた。三木は具体的に自らの心中を公に吐露する機会を持たなかった。公労協からみれば心中どんなにスト権へのシンパシー（共感）を持っていたにしても、何も行動せずに、抑え込まれるのでは、はっきり敵対する首相よりも始末が悪いと思えた。保守への迎合、自民党内における保身という意味では靖国神社を、敗戦の日・8月15日に「私人」と称してではあっても最初に参拝した首相は三木である。以後、「首相の8・15参拝」は常に問題になってきた。ただし、東京裁判でのA級戦犯が当時の同神社宮司独断と言われる形で合祀されたのは三木退陣後の78年であった。また、広島、長崎の原爆忌に首相が参列、哀悼の言葉を述べるようになったのは76年に三木が先鞭をつけた。

富塚はインタビューで「三木は椎名のもとに1億円ぐらい持参して、挨拶に行くべきだったのだ。しかしそういう話も耳にしなかった」（前述）と言った。改めてこういう言葉を富塚から聞くと複雑な気持ちになる。どんな時代でも政治とカネの問題はつきまとう。しかし程度問題ということはあるだろう。政治資金規正法を大きく改定し、更に東京地検特捜部の「田中捜査」を実質的にバックアップした三木への国民の評価はまた、別のところにもあるだろうが。

――スト権ストでは労働省（現・厚生労働省）の動きが鈍かった。

富塚　本来なら政府と組合の間で潤滑油的役割を果たすべき労働省がほとんど動かなかった。橘高―川野ラインの方針を高く評価していた労働省が動こうとしても自民党に跳ね返されたんでしょう。動けない労働省は僕には傍観者同様に感じられた。福田派（の政治家たち）を中心にして自民党は回るはずだったのに回らなかった。結局、田中（角栄・元首相）派が反対に回ったことがスト権拒否につながった。福田派の出る幕がなくなったんじゃないかな。

労働省高官への田中の激怒

富塚　当時の労働省労政局長・道正（邦彦・故人）は後年事務次官に就いたが、組合幹部と春闘前にゴルフをした。実は僕も一緒にプレーしたのだが、それを週刊誌が報道した。「春闘前の大事な時期に、組合とゴルフなんかして」と、田中が知って道正に激怒しているという風に耳に入ってきた。彼は僕に何度も電話をかけてきた。「私はクビになる。トミさん、あんた頑張れよって」。

ところがクビになるどころか田中に対抗した福田内閣で道正は、各省事務次官会議を主宰する事務担当の内閣官房副長官に抜擢された。その時、僕は総評の事務局長。道正は電話で「お互い良かったなあ」と感慨深げだった。僕も密かに官房副長官就任をプッシュしたよ。だから必要があると道正に電話で「福田に会わせろよ」「ああ、いいよ」となった。

富塚と道正のパイプはスト権スト当時にすでに繋がっていたが、このストはもはや労働省の〝仲介力量〟で何とかできる域を超えた重大な政治課題になっていた。中曽根の表現では「政治の天王山」(『天地友情—五十年の戦後政治を語る』文藝春秋)になっていた。自民党労働族のトップに立つとみられていた倉石忠雄・元労相をはじめ富塚の工作、根回しは福田派に多くいた労働族と称された政治家を中心に行われ、松野頼三、大橋武夫、山崎五郎ら労相経験者や労働省出身者が並ぶ。ただし工作は、自分の派閥を持つ中曽根には届いていなかった。自民党内で右派的要素が強いとみられた福田派の政治家が、処分覚悟で実力行使の闘争と妥協を信条とする民同左派の国労幹部と親しくなるというのも分かりにくい。

「これは治安対策的観点からみると分かるのではないか」(仁田道夫・元東大社会科学研究所長、元中央労働委員会会長)という指摘がある。つまり、自民党右派系が労働運動の過大化を防ごうとする過程で労働側指導者と接触を深め、労働側の主張に一定の〝理解〟を示すようになるというパラドクスに近い意味である。それらの接触があるからこそ労使間の対立が紛争化、争議化、あるいは争議になっても長期化しないための歯止めになるとも理解されていた。

強まる右バネ　幻の妥協案

他方、労働族以外の政治家はスト権ストが現実味を帯びてくるほど、自分たちの主張をストによって押し通そうとする労働側に反発を強めていく。スト日程が近づくに連れて、同党内はスト権に対するかたくなさを強めた。同党公労法(公企体等労働関係法)問題調査会座長、倉石の動きも鈍かった。突入後3日間地元に帰ると富塚に伝えていた倉石は党内調整に動いたものの、もはや彼の調整能力を超え、党内は福田派の一部を除いてスト権付与反対の空気が覆い始めていた。それだけにスト権付与を主張できる空気はどんどん薄くなった。空気に弱い政治家たちは大勢に従い黙り込んだ。

それでも倉石はスト中に労働基本権問題については今後検討するからあと2年待てと労働側にシグナルを送ってきたという。これが政府の幻の妥協案であったのか？

中曽根康弘の「天地友情」に掲載してあるスト収束直前の12月2日の日誌は大要以下のように記している。


——三木氏に電話のところ（略）①労働基本権は公共の福祉に反せぬ限り最大限に尊重する。②労働問題に刑事罰をもちうる意思なし③早期に二、三年内に結論、といわせんという。よって①はまあまあ②は不可、労働問題は治安問題と別と考える、で如何。③時期を数字でいうべからず、と答え、三木氏従う。——


そして椎名に電話したところ椎名は（労組側に）このような妥協案を示すのは無用と三木に伝えるように返答。中曽根は言われる通り伝え、三木は憮然として「（椎名の主張を）考えるが、私は総理だからね」と念を押す。

これはスト終結への最後のダメ押しとして、また三木らしくスト権付与にも道を閉ざしていないかのような解釈もできる玉虫色の政府見解で、長谷川峻・労相を通じて表明しようとしていたのを、無用としたやり取りである。結局どうなったのかといえば非公式打診はきたが富塚ら労組側が一蹴して、表には出なかった。

富塚　非公式というか当局経由でそんな話も来たんだが僕ははっきり断った。公務員制度審議会と同じで、だらだら延ばされたあげく何も得られない事態になりかねない。あやふやな話ではストで昂ぶっている組合員にも通る話じゃない。田中（角栄）が言ってきたのなら話は違ったかもしれないがね。

いま、厚生労働省にはかって労働省の筆頭局長視された労政局長というポストはない。したがって労政局もない。既に21世紀初頭の省庁再編に伴い労働省と厚生省が合併した際に廃止された。労組情報を収集し、政府の労組、労働運動対策をつくり、時に一部の労働政策を立案・調整し、法律化して実行するために存在した労政局。治安面からも警察、公安調査庁だけでなくこの労政局情報も重視された。労働運動の高揚が失われてストライキもほぼなくなってからは、この局は省内でも軽視されはじめ、やがて無用と判断された。政策統括官が労政局（長）

の業務を一部引き継いでいるものの、労働運動の衰退は官僚のカウンターパートナーを消滅させたのである。

国内のストライキ件数は異様と言ってもよいほど減っている。2017年に半日以上のストに入ったのは38件、参加人員7953人。16年は31件、2383人。その前年は39件、1万2916人（厚生労働省集計）。ほぼストのない国と言える水準ではないか。日本はストライキの消滅した国になってしまったのか？

三木首相を〝羽交い絞め〟にする動きが自民党内で活発化していた。首相に労働側と妥協させまいとして、副総裁・椎名が幹事長・中曽根と連携していた。

三木は自民党に合流後は、派閥解消など理想をかかげながら、一方でしぶとい現実政治家の側面を持ち続けていた。2019年になっても首相の座に座る安倍晋三の父（安倍晋太郎・元外相）方の祖父、安倍寛と同様、戦時中には軍部主導政府に迎合する翼賛政治体制協議会の推薦を受けずに衆院議員に当選している。

日米（他連合軍）戦時中に特に反戦の政治家として目立つ活動をしたわけではないが、*演説会では官憲（警察）の監視の中を勝ち上がってきた実績がある。実際、特別高等警察や憲兵隊に監視され、演説を妨害される中、定数3人の徳島選挙区で、3番目であったが勝ち抜いたのである。

＊　どちらかと言えば非戦系として推薦されなかったのではなく、推薦定員の関係で枠に漏れたためとされる記述を散見するが、三木は徳島商業時代に思想的な背景はなかったもののバザー収益の不透明な使途について校長排斥の学内闘争を指導し放校されていた。米国へ留学もしていた経歴は推薦を得られなかった主要な要因になった可能性を否定できない。更に1938年、賀川豊彦、菊池寛らが東京・日比谷公会堂で開いた国民大会で「日米不戦」を主張する弁士として登壇。三木はその時、当選10か月の最年少衆院議員だった。翌年には金子堅太郎、賀川らと「日米同志会」を結成した。この経歴は非推薦の十分な理由になったと思われる。

羽交い絞めにされた〝議会の子〟

自らを「議会の子」と称する長年の議会生活で身につけた政治的感覚は、役人上がりの政治家にはない鋭い光芒をしばしば放った。30歳で当時の最年少衆院議員となり、その後も同じ議員であり続けた。

佐藤（栄作）内閣による沖縄返還に当たって外相としていち早く「核抜き本土並み返還」を提唱した。これには「実現性の薄いことを主張する」と佐藤が激怒したが、実態はともかく建前上はそう標榜されて、返還が実現した。73年の第1次石油ショックにも政府特使として中東各国を歴訪、石油確保に政治的、外交的手腕を発揮したとされている。サウジアラビアなど

ＯＰＥＣ加盟の産油国が日本を石油供給削減対象にしたが、これを従来通りに戻させたのである。各国のインフラ投資に対する借款のお土産を持参してはいたが。

その鋭い政治感覚と度胸はスト権スト前年の田中内閣で、副総理兼環境庁長官（現環境相）を電撃辞任した政治的センスにも表れていた。その後、福田も後を追って蔵相を辞任し、彼ら大物閣僚の辞任は田中内閣を徐々に弱らせ、止めが金脈問題暴露・追及となったのである。

しかし、三木派は当時の党内五大派閥の中では最も小さかった。少数ゆえの自己を規定しなければならなかった。また三木派内でも必ずしもスト権付与に理解を示す議員ばかりとは限らなかった。いやむしろスト初日には三木派自体がスト権については首相が独走せず、党内機関の決定に従うことを決議したのである。そのことは既に触れた。派閥がスト権付与で一致した行動をとろうとするなら三木自身がまず派内を強く説得する必要があったが、彼はそうしなかった。そうすれば波紋は拡がり、党内で強力、露骨な三木おろしが始まり、派閥分裂につながる恐れが強まるとみて得策ではないと判断したとみてよい。

テレビ討論「海部は建前ばかり」

――スト中は、ＮＨＫで海部（俊樹・内閣官房副長官＝政務担当。のちに首相）対富塚のテレビ論戦が連日行われ、当時を知る人に深い印象を残しています。海部副長官の役割をどう見ていましたか。

富塚　僕らにとって海部は中身を伴わないスポークスマンという印象だった。政務担当官房副長官といっても三木を取り囲む内閣の奥ノ院からの情報は持っていなかったのではないか？　若くて、ちょっと上品なところもあって弁の立つ側近。三木にとっては使い勝手のいい政治家として重宝したのだろう。三木の秘蔵っ子と言われてはいたが、僕らはその程度にしかみていなかった。それでも海部は政府を代表しているのだから、三木が決断すれば一気に解決できる、そう何度も海部に強く申し入れたが三木は決断できなかった。

海部は幾ら論戦しても機微については発言しない、というよりできない。建前ばかりを述べ立てていた印象だ。何日討論しても、それは同様だった。だが、彼は弁が立った。訥々としゃべる印象の僕に比べて、彼は滑らかに話した。視聴者にある程度いい印象を植え付けただろうね。

その後、僕が総評事務局長に就いた後、ワレサ（ポーランドの自主管理労組・連帯議長。後に大統領。東欧民主化の先導者の一人として日本でも人気があった）を日本に招き、落ち目の総評の再浮揚を図ったことがあって、すっかりワレサと親しくなった。海部はポーランドへ行くことになった折り僕にワレサを紹介するよう頼んできたことがある。僕は紹介状を書いたが、その後ワレサとツーショットの写真をテレホンカードか何かにして地元で配り、後の選挙に役立てたんじゃないかな。

分割・民営化へ向かう最初のレール

――スト権ストの敗北は国鉄が分割・民営化へ向かう最初のレールを敷いたとも言える。

富塚　それはそう思いますよ。ただし僕が総評に残っておれば分割は阻止できたという自負は今でもある。

――具体的な方策は持っていたのですか？

富塚　当時は交通労協（交通産業労働者組合協議会。現在の交通運輸産業労働者労組協議会＝交運労協はJR発足後の87年10月スタート）や総評を中心に有識者の呼びかけで「国鉄を守る共闘会議」が生まれ全国的に活動していた。ローカル線問題は保革を問わず地元住民や関係者には大事な問題です。国鉄官僚も民営化やむなしで一致したが、分割は先送りか、できれば見送りにしたかった。民営化だけなら受け入れて一段と積極的な経営も可能だ。

（公社制度という国の直営からワンクッション置いていたとはいえ実際は数多くあった）国鉄時代

の規制の呪縛が解かれれば駅という最高の集客施設があるのだから様々な事業が可能になる。現にそれが実行されている。分割反対では全国的な国民運動に発展できる条件はあったと思っているし、中央でも多様で効果的な手を打てただろうと考えている。

分割後の、本州3社、特に東海と東日本の儲けは大きいが、儲かった分の一部でも経営基盤の弱い北海道や四国にまわせない。分割されていなければそれができた。（2014年）北海道で続発した列車事故やデータ改ざんなどの不祥事も元をただせば経営に余裕がないから起きた。

――スト権をストライキによって回復させる方針はいつ固まったのですか

富塚　スト権奪還は長い間の国労や公労協の課題で、60年代を通じてスローガンになっていたし、この要求を掲げて闘争もしてきた。それが71年の（反）マル生闘争（国鉄内の生産性向上、意識改革運動導入反対の反合理化闘争。同時に国労にとっては組織防衛闘争。国鉄当局内でこの運動に関係する書類の表紙文字の生がマルで囲んであったためマル生と呼ばれたという）に完勝した結果、翌72年ごろから急激に奪還機運が強まり、保坂が「スト権は射程距離に入った」と名文句を発した。

スト権スト8日間で新幹線、特急、国電（通勤、通学電車）を含む全旅客列車14万2504本が運休した。貨物列車運休は4万1329本。影響人員1億5090万人。旅客列車減収額269億円。貨物列車減送トン数368万トン、減収額68億円に上ったとされる（交通年間1976年版および鉄道専門誌・鉄道ピクトリアル76年3月号、道路専門誌・道路建設同年1月号に掲載された西村まさ子「物資の流通と道路—国鉄ストに関連して」等から）。

第2章　「決定打を打つ日が来た」

「当局のやり方がひどかったマル生」

――スト権闘争の前段に（反）マル生闘争があった。この闘争は国、動労の組織防衛闘争だったと一般には理解されている。

富塚　マル生運動では当局のやり方がひどかった。例えば現場管理職が国労の組合員を一人一人休憩室や喫茶室なんかに呼び出して、組合脱退を事実上強要する。言うことを聞かないと家族に連絡する。中でも一番困るのは、国鉄に入社する際、身元保証人になってくれた人への当局からの連絡。保証人はたいてい国鉄OBです。そういう人に呼ばれて組合を脱退せい、と言われるのが一番こたえる。

もしこのことを組合の幹部に連絡したら（現場管理職の持つ権限で）昇給も昇格もさせないぞ、と家族も脅した。自殺者も出た。二桁に上ったと理解している。中には複合的な要因で自殺した例もあるだろうがね。なりふり構わぬ組合攻撃でしたね。

1969年に総裁に就任した磯崎叡《さとし》は、副総裁から昇格した国鉄生え抜きだった。その下で生産性向上運動が展開された。前述したようにこの運動はマル生と呼ばれ、国鉄に導入する主唱者になったのは、職員局能力開発課長の大野光基である。磯崎は国、動労による順法闘争、ストライキに強い危機感を抱いていたし、職場環境を組合の動きに左右されない体制にしたいと思っていた。総裁就任後まもなく、全国の鉄道管理局現場を行脚し、現場管理職と交流した。大野が養成課長時代から手をつけていたマル生の導入にも強い関心を持っていた。大野によれば国鉄にマル生を導入するに際し、磯崎は養成課長の名称変更を大野に求め、これに応じて彼が示した能力開発課長の新名称を即座に了承したという。

大野は日本生産性本部（注 その後名称が変遷したが2009年、発足時からの旧名称に戻った）に協力を要請、まず現場管理者・指導者教育に注力した。同年11月に開催した第1回運転指導者研修は3泊4日で開講され、講義と討論のカリキュラムが組まれたが、焦点は夕食後の討論だった。議題は初日が「職場における問題点」2日目は「職場における労務管理」。3日目は「指導者の役割と任務」とされた。日中は講義、レポート発表等カリキュラムはたっぷり組まれたが、各地から集まった現場指導者が体験をぶつけ合う夜の討論が自ずと目玉になった。この研修は翌70年には同生産性本部とスクラムを組み国鉄内に浸透し始めた。

組合員が1年間で5万人以上減る

職場を管理する側からみると労使関係を〝正常化〟し、効率を上げようとする運動でバリアとなるのは強力な組合の勢力である。国鉄職員全員に効率的な公社へ向かうように意識改革を求める運動は、国、動労からの組合員引き剥がし行為にまでエスカレートした。大野の著書「国鉄を売った官僚たち」（善本社）は本社職員局労働課の資料から1971年1月には27万7000人いた国労組合員が同年12月には22万1000人に減ったことを記している。生産性向上の名を冠していたが、それはまず意識改革教育と同時に国、動労攻撃の形をとった。国、動労脱退者をどれだけ増やせるかが、マル生運動の成功に直結するのだ、とみられるようにさえなった。

富塚　僕らは函館の（第32回）全国大会で座して死を待つより立って闘おう」と中川新一・委員長に特別発言で決意表明してもらうことにして反撃の火蓋を切った。* とにかくなりふり構わずやろうと。

＊　実際には一部幹部から死という言葉は縁起が悪いという意見が出て、「座して手をこまね（ぬ）いていても組織は守れず、立って闘おう」という言葉に変わった。国労内ではより格好のよい富塚の語ったフレーズで長く記憶された。

なりふり構わぬ反撃へ

富塚　国鉄当局はマスコミに神経質だと日ごろから感じていた。そこで毎日新聞の内藤（国夫・記者。故人）さんに相談した。内藤さんは都庁（担当）から労働担当に来てまだそれほど長くはなかったが、すでに大きな反響を呼んだ「公明党の素顔」や「東大紛争」などの著書もあった。それだけに当局が最も注目、警戒する記者だった。職員局の若手官僚なんかは東大出も多いから何んとなく（その他の大学出身の）記者を嘗めてかかるようなところがあったが、内藤さんは東大法学部出身。当局は一目も二目も置いていた。

内藤さんは飄々としててさ。事実を持って来いと言う。地方から本部に上がってきた組合員いじめや不当な労働行為がまかり通っている実情のネタを内藤さんに持って行く。不当労働行為を暴露する報道は9月中旬から始まったんだが、内藤さんが興味を持ったら、今度は自分で裏付けに走り回って、これは本当に起きた事態だ。イケると判断すれば記事を書く。

しばしば1面や社会面のトップ記事になる。とにかく大きく載る。特ダネになる。朝日やその他の新聞も追いかけざるを得ない。次々に管理者側の不当労働行為が新聞で暴露されて行く。

あの頃は労働省の記者クラブも内藤さんにやられた（スクープされた）のなら仕方がないという感じでね。まあ極端に言うと、内藤さんがいなかったらマル生闘争に完勝できたかどうかわからないと思うことさえある。足を向けて寝られない。

当時の国労書記長は社会主義協会の重鎮、岩井章（この時期も名誉職的ではあるが国労特別中執に就いていた）の直系で、同協会に属する酒井一三だった。協会派は従来型のストと、強固な抵抗小組織を職場に網の目のようにつくって対抗しようとした。これまで繰り返してきた抵抗闘争の全面強化である。が、国労本部で書記長の次位に位置づけられていた企画部長は富塚だった。

大野光基は前出の著書で、「もし協会派の主張するような闘争方式を国労本部が採用していたら、国鉄の生産性向上運動は全く違った展開を見せていたことだろう。国労本部（注 中執多数派）は協会派の主張するような方式では、とても生産性向上運動に対して勝ち目はないとみていた。

ストを打てば、また大量の処分と、大量の（国労からの）脱退者を覚悟しなければならない。すでに毎月七千人―八千人の組合員が脱退し、雪崩現象を起こしている状態である。このうえ、ストをやれば国労の自滅になることは間違いない。国労本部の幹部たちは、長年の経験でこのことをよく知っていた。

そこで国労企画部長・冨塚三夫の立てた対策は社会主義協会の人たちとはまるで違っていた。（略）冨塚にとって、生産性向上運動を潰す為には手段は何でもよかった。協会派のような闘争に対する固定観念を彼は持っていなかった」と書く。

冨塚　僕はあらゆる方法でやらなければ負けてしまうと思った。不当労働行為の公労委提訴はもちろん、相手のスキャンダル告発まで考えました。危機感は強かった。中ではマスコミのバックアップが最もありがたかった。活路が開けるかもしれないと感じられるようになった。71年8月24日初日の函館大会の少し前に職員局長の真鍋洋と会った。ま、直接対決だね。真鍋は鳥取県にある米子鉄道管理局長からマル生を推進するために本社職員局長に抜擢された。この直接対決はのちに、知る者の間では「九条事件」と呼ばれるようになった。

職員局長と対決〝九条事件〟

「九条事件」については武藤が自分史として書き、私家版、非売品として友人、知人に限定配布した自伝「己を知らず　敵をも知らず」（以下同書から引用する場合は「武藤自伝」と略す）の中の記述を借りる。

富塚は、国労地方幹部の「早く収拾を、」という声を薄々知り、函館大会の直前、国労とは友好（的）な当局の労使関係良好派の勧めもあって局面打開のため「本社に頭を下げるしかない」と判断した。意を決して富塚＝真鍋のサシの会談が神田の料亭「九条」で行われた。

富塚は、この会談に「見届け人」として私と企画部中執の美見和甫を連れて行った。私たち二人は隣の部屋に潜み、欄間越しに事の成り行きに注目していた。

会談は料理や酒に一切手をつけることなく始まった。富塚は部屋の入り口で真鍋に土下座し、両手をついて「（略）私も反省し、今後一切あなたのいうことを聞く。だから、今やっているマル生をやめてくれ」と頼んだ。富塚の懇願に真鍋は平然と（略）「富塚、徹底的にやろうじゃないか」と啖呵を切ったのである。（略）再三の富塚の懇請にもかかわらず傲慢な態度を崩さない真鍋に、富塚はもはやこれまでと思ったのか、「馬鹿にするな、オレは福島の水飲み百姓だ。徹底してやろうじゃないか」と立ち上がり、膳台を料理もろともひっくり返した。（略）一方、真鍋も「おお、俺も徳島の百姓だ。どちらが勝つかやってやろう」と捨て台詞を残して帰ってしまった。

富塚　この件では「九条」のおかみから真鍋が帰り際に「おれは寂しいなあ」と漏らした、と聞いた。その言葉で僕はなりふり構わず闘えば何とかマル生に負けないのではないかと、自信も湧いてきた。

強気な言葉と裏腹な真鍋の弱気を富塚が察知して、そんな自信につながったのか？富塚もそれ以上は説明しない。

以下、「武藤自伝」によると、函館大会では徹底的に当局と闘うのか、妥協路線をさぐるのか、各地方本部の意見は容易にまとまりそうもなかった。そこで大会も佳境に入った一夜、函館市内の一角にある湯の川温泉街の一旅館に委員長以下本部の幹部と北海道、東北、東京、名古屋、広島、門司などの大手地方本部指導者が集まった。武藤によると、ここで富塚は「九条事件」について経緯を話し、「徹底的にやるしかない」と主張した。そして富塚は反撃に最も効果的なのは組合員からの内部告発であり、不当労働行為の摘発をどんどんやろう、と話した。この方針に基き、彼はマル生教育現場に組合員が潜り込んで実態をさぐり、組合員引き剥がしの勧め（国労脱退勧誘）など、不当労働行為に相当する事例を見出し、これを地労委（地方労働委員会）、公労委に積極的に提訴する。さらに本社や地方幹部の不正摘発、本社と地方管理局の資材・物品購入の不正摘発など、ありとあらゆる当局の不正の実態を暴露しようと（大会で）提案した。

この提案に労使関係が比較的良好な地方本部は、初め尻込みしたが、マル生攻撃が、国労の命運を制しかねないという認識が全体に浸透し、結局、全地本が本部提案に賛成した。

マスコミを味方に

なりふり構わぬ反撃とは真鍋の私生活をも洗え、というところまでエスカレートした。武藤は噂のあったスキャンダル暴露の任を帯びて真鍋の前任地・鳥取県まで出かけたが、裏付けのとれる具体的なスキャンダル情報は出てこなかった。もう〝死闘〟の様相である。富塚は各地本から不当労働行為例の情報を本部に集め、公労委、地労委への提訴を闘争の一方の柱とした。

さらに、マスコミを味方につけ国労の闘争に国民の同情を獲得する作戦を展開した。マスコミ操作と言えばそれまでだが、その大半を味方につけることができた。理由を断定するのは難しい。あえて挙げれば①内藤記者を主導者に仕立てて情報の端緒を提供し、やがて国労情報の洪水をおこす作戦が成功した②労働省記者クラブは社会部記者と政治部記者が常駐していたが、単組、単産（注 組合の提携体。例えば電機連合とか自動車総連、基幹連合などと呼ぶ各企業組合の提携体）の担当は社会部記者で総評、同盟等ナショナルセンターの担当は政治部と大まかに分けていたメディアが多い。社会部記者たちの判官びいきに乗り、巨大とみられた国鉄当局、さらに背後の力（政府）に立ち向かう組合という構図を作ることができた。

また、読売、産経は当時からそれぞれ政見寄りの保守色、あるいは右派的要素の濃い新聞ではあったが、現在のようにまではその主張を色濃くしていなかった③情報合戦、スクープ合戦の様相になるとメディアは、情報獲得のために1次情報源になる可能性の多い当事者に寄っていき、あるいは寄り添い、批判がしにくくなりがちだ。情報欲しさにどうしても実行当事者寄りになるメディアの習性を利用した——などを挙げられるだろうか。

ただ、攻撃にさらされているとはいえ記者たちと、人間的な関係づくりに成功した富塚の大胆な個性も大きく影響したのは間違いないだろう。

「決定打を打つ日が来た」

富塚　やがて決定打を打つ日が来た。大野が水戸で、現場責任者を市内の旅館に集め、「不当労働行為を恐れていてはダメだ。むしろ断固やらねばならないくらいだ」とぶち上げた。この発言を我々の側がテープにとった。僕のところへ水戸地本の委員長が飛んできた。僕は労働省記者クラブへすっ飛んで行って記者の皆さんに公開した。大きな記事が一斉に出た。これが磯崎総裁の陳謝、そして辞任へつながる直接の引き金になったと思う。

水戸で不当労働行為を勧める言辞を吐いたのは本社能力開発課長の大野ではなく水戸鉄道管理局の能力開発課長だった。当然、大野の指揮下にあった。

「武藤自伝」には「テープ盗聴を仕掛けたのは、国労出身の社会党衆院議員で（同党の両院議員総会副会長や代議士会副会長などを務めた）久保三郎（故人）と言われている」、と記してある。水戸駅で助役を経験し、県会議員から衆院議員になって、水戸局管内では管理者側、組合側双方に信望が厚かったという。この水戸局能力開発課長のスピーチ内容は10月10日の各紙朝刊に大きく報道された。

武藤　テープに収録されたのは、具体的に不当労働行為を指示し、国労脱退工作の手順を事細かに指導する内容でした。その上「このような行為は隠密にやるもので、決して他言してはならない。まして、この発言が組合側に漏れ、テープなどで残れば命とりになる」とまで言った。これがそっくりテープに録音され、見事に残されたんですね。

マル生当時、不当労働行為とはおおむね組合員個々に対する国、動労からの脱退要求が中心だった。札幌・苗穂工場や静岡鉄道管理局管内で国労が地元の地方労働委員会へ提訴していたケースも組合員の引き剥がし（組合脱退勧誘）に当局が関与した、とする内容だった。地労委では国労の主張がほぼ認められたのだが、国鉄当局は頑強に否定し、公労委に上訴していた。そこに、「水戸の生の声」が公開された。それは当局の主張を完全に覆す証拠となった。公労委は10月8日、国鉄の不当労働行為を認め国鉄総裁の陳謝を命令した。この日、公労委は前記2件を含む5件の国労申し立てに救済命令を出した。

重複するのを承知で新聞記事を引用すれば、マル生報道では比較的地味なタッチの日本経済新聞でさえ、社会面2番手で「〝不当労働行為に知恵しぼれ〟水戸鉄道管理局の能力開発課長　駅長20人を前に演説　国労がテープ入手」（10月10日朝刊）の見出しで報道している。

この課長は――「法律によって禁止されている不当労働行為は絶対にやってはならない。しかしやむにやまれずこれはやらなきゃならん。知恵をしぼった不当労働行為をやっていくのだということがあるわけです」「いわゆる言質をとられないこと。もちろんテープなどはとられたら、最後でありますのでぜひですな。しかし、それにビクビクしていたんじゃ、大事業というものは成しとげられるものではありません」――などと述べたことが、記載してある。各紙も一斉に飛びついた。翌11日夕刊の日経を再び取り上げれば1面トップで「マル生運動　国鉄、陳謝命令のむ　不当労働行為認める」と大見出しの報道である。

総裁の磯崎は衆院運輸委員会で、追及され、陳謝に追い込まれた。その後、磯崎の総裁辞任までは2年近くを要したが、この間はすでにレイムダック化していた。組合側の完勝でマル生運動反対闘争は終わった。

しかし、磯崎、すなわち国鉄当局の強硬派敗北、組合側の逆転勝利にはもっと複雑な要素が絡んでいたとする見方がある。公労委が当局の不当労働行為を認め、磯崎は原（健三郎）労相に呼ばれた。ここでマル生運動推進による国鉄内部の荒廃を善処するよう求められた後も磯崎は会見で「マル生運動の軌道修正はしない」と述べていた。当局は裁判に訴える手段をまだ残していた。

総裁豹変の裏に何が？

ところが磯崎は3日後の11日には緊急記者会見で「陳謝命令」受諾を表明した。磯崎の豹変の裏に何があったのか。

升田嘉夫は当時最大の政治課題・沖縄返還にかかわる政局が磯崎に大きなプレッシャーになったとみる。この年6月17日、沖縄返還協定が日米間で調印されたが、協定は国会で承認（批准）される必要がある。当時上げ潮に乗っていた社会党の楢兼次郎・国会対策委員長は国労出身。10月中旬に開会する予定の「沖縄国会」では「沖縄返還協定批准反対闘争とマル生反対闘争を結合する」方針を表明していた。

升田書は次のように書いている。

労働大臣が労使紛争に介入するのは三井三池闘争以来のことであり、いかに事態を重視していたかが分かる。もちろん、狙いは沖縄問題とマル生問題を切り離すことだが、沖縄国会開会までの日数はわずか半月である。その間に事態を収拾しなければならない。（略）労働官僚が短期決戦のシナリオを練り上げる中で、その決め手として浮上してきたのが「不当労働行為」問題だったにちがいない。9月末以降、労相が表舞台に登場して以来の一連の動きは、この「不当労働行為」問題を軸に回転しており、労相の動きもぴったりこれに連動しているのである。

（略）公労委が静岡鉄道管理局の不当労働行為を認定した10月5日には、原労相は竹下官房長官、丹羽（喬四郎）運輸相と会談し、労相が中心になって紛争解決のため積極的な仲介工作に乗り出すことを確認する。（略）8日、公労委は国鉄総裁に「陳謝命令」を通告。それを受けて労相が8日の午後には国鉄総裁と会談、翌9日には国労、動労および鉄労の各代表から事情聴取をおこなう。たたみかけるようなテンポで事態は進展した。

以上の経過のあと11日を迎える。強気で突っ張っていた磯崎総裁が一転、公労委の命令通り国労に陳謝することを表明し、そのあと出席を求められていた衆議院社会労働委員会でも同様の態度を示した。16日には「沖縄国会」と呼ばれた第67国会が招集される。その直前のきわどいタイミングで、沖縄問題とマル生問題が見事に切り離されたのである。

佐藤首相の意向？

その背後には沖縄返還協定の国会批准を確実にするために、国会運営をシンプルにしたい、国鉄内の問題であるマル生を巡る与野党対立で国会運営に影響を与えたくないという佐藤（栄作）首相の強い意向が働いていた——という見方である。升田は幾つかの傍証から労働官僚が公労委に何らかの働きかけをして、異例の短期間で公労委命令を出させ、内容が当局の「組合に対する陳謝命令」であったことをテコに、官房長官、労相、運輸相のトリオによる力技で一気に決着をつけた、と推測している。

升田書はさらに、

（前記3閣僚が）スクラムを組んだ時点ですでに勝負はついており、国鉄総裁には事実上選択の余地はなく、記者会見で強がってみせるのが精一杯だったのではなかろうか。また、水戸管理局のテープ事件が総裁〝豹変〟の決め手になったという見方についていうと、静岡管理局の不当労働事件がなければそれほどの迫力はなかったと思う。塁上にランナーがいたから打点を稼いだ。主役はあくまで静岡事件だったというべきだろう。

また、マル生紛争では、ほとんど自民党が表に出なかった点についてはこうも書く。

1982年に自民党・三塚小委員会*が国鉄当局に示した「管理経営権および職場規律の確立に関する提言」は、マル生紛争当時の自民党の態度に触れ「マル生の時のように、いやしくも国会運営の取引の中で国鉄の規律回復へ向かっての努力が妥協を強いられるような事態は絶対に避けなければならない」と記しており、これは沖縄返還協定の批准という大事の前に佐藤内閣が小の虫を踏み潰す決意と、行動をしたことを10年後に自民党自身が認めた証拠でもある。

NHK取材班執筆の「スト権奪還ストの衝撃」も磯崎が8日に公労委の救済命令が出た後にも強気の姿勢を崩さなかったものの11日に一転して組合側に謝罪したのは、裏に佐藤首相の強い意向が働いたと推測している。磯崎に面談した取材班は次の通り書く。

磯崎によれば、10月に入ったころから、政府自民党筋から何らかの解決策を打ち出すよう要請されていたという。そして、「日曜日に（10月10日のことと推測される。）佐藤首相の私邸に呼ばれて生産性運動について話をした」という。この時、佐藤は直接的には生産性運動の中止を求めなかったが、それまでの周辺の動きや、日曜日に私邸に招かれるという事態に、磯崎は、佐藤の意図を察知したという。磯崎の話はここまでで、これ以上のことを語らなかった。

鉄道省時代に入省し、生え抜きとして国鉄総裁に就いた磯崎は、同じ鉄道省官僚から運輸次官を経て政界に入り首相に上り詰めた大先輩、佐藤の力の前に方向転換を強いられたということだろうか？　ただの転換ではない。総裁個人としても、完全敗北への道を歩かされたのである。大野は自著で、労組の要求を容れて妥協を図ってきた国鉄副総裁の山田明吉が「沖縄返還問題で野党の協力を得たいから、マル生運動を止めてくれと政府から頼まれた」と言っているというがそんなことはなかったとして、以下のような内容を書いている。

「長い間この点について沈黙を守ってきた磯崎叡が、最近、ある雑誌（『ビッグ・エー』84年6月号」）に次のような釈明を行ったのは、極めて注目にあたいする。それには山田の言葉を全否定するようにその噂は全く根も葉もない噂で、事実ではない。故佐藤総理の名誉のためにも誤解を解いておく」と。

しかし「スト権奪還ストの衝撃」は、磯崎に直接面談して書いており、大野の自著より後年の刊行である。佐藤がどう言ったかはわからないが、山田が釈明しているような感じさせ方、つまり「マル生」より「沖縄」という圧力を磯崎に加えたとみて間違いないだろう。

大野の自著にもこの年（71年）9月には総裁室を訪ねるたびにソファに深く沈んで考え込み、予約なしできた大野にただ「帰れ」と対話を拒否する磯崎の姿が描写されている。もちろんこのことが直接、政府から磯崎に対する圧力があった証拠にはならないが、いかにアポなし訪問だったとはいえ大野は事前にマル生運動の大切さを改めて説く手紙を磯崎に提出した上の訪問だ。磯崎はなぜ二度にわたって訪ねてきた大野と会話を交わさず、ただ『帰れ』と言ったのか。

当局優位だった国鉄内の力関係は逆転した。真鍋常務・職員局長は同年10月更迭され地方交通線担当に就いた。大野はそれより少し前に能力開発課長を外れ、生産性向上教育担当を去っていた。

＊三塚小委員会　自民党国鉄基本問題会議国鉄再建に関する小委員会。１９８2年2月設立。三塚博・衆院議員が小委員長を務め通称、三塚小委員会と呼ばれた。

マル生完勝後の職場は混迷

――総裁が辞任して当局の官僚たちはどうなりました？

富塚　地方へ飛ばされていたハト派官僚が復権、復帰してきた。その後にマル生紛争対策委員会（紛対委）をつくった。相手は橘高職員局長でこっちは企画部長の僕。（注　2人は紛対委の労使ヘッド。他にそれぞれ数人のメンバーがいた）人事協約を結んだが我々の要求を実質的には全部呑んだ。客観的に見るとそのことがスト権ストに結び付く要因の一つになったと思う。だからマル生勝利がスト権ストを生んだとは言える。

地方も各管理局・地本間で中央の紛対委同様の組織ができた。今度は現場の労働者が管理職を徹底追及する事態になった。最近までいじめられてきた分を取り返そうとする動きですね。追及に行き過ぎもあった。自殺する現場管理者も出た。もっと節度ある追及を徹底させるべきだったと反省はあるんだよ。それまで不当労働行為をやられた奴が今度はやり返すんだから……。職場は混迷の一途をたどった。自制心を植え付けるような指導が必要だったが、ひとたび火がついてしまうと、もう止められない。人事協約と労使協議制度を設けたから現場が燃えてしまって（収まりがつかなくなり）そこのところは失敗だった。

武藤　中央でも地方でもマル生実行行為者に対する追及が始まって現場管理者に大きな動揺が起きた。現場長は急に組合の分会や役員の機嫌取りに走り、脱退させた組合員に国労復帰を働きかけたり、マル生で組合員を大きく増やした鉄労に対する「逆不当労働行為」まで始めたところもあると聞いた。脱退した組合員が続々と国労に復帰してきた。私の知る限り20万人前後までに割り込んだとみられた国労組合員は、一気に4万人以上が戻った。現場は「勝った、勝った」の声ばかり。これまで抑え込まれていた労働者は、いったん勝ちが決まると今度は要求が膨らみます。新たに制定した昇給・昇格基準の協定についてもそうです。これは10点満点のうち勤続年数3点、勤務成績4点、職場経験年数3点の基準を数値化して昇職・昇格基準を判断すると確認した労使協定です。協定が結ばれる過程では「4点の勤務成績は除け」とか「勤続年数評価を4点にしろ」とか言って、「これができなければ協定を結ぶな」、と本部に対する突き上げが地方の役員から相当に強くなった。

当局はこの協定自体を「国鉄の労務管理の歴史を変える前代未聞のことだ」と嘆き、勤続年数や職務経験年数を顧慮するのではなく、これまでのように勤務成績中心の判断基準にしようと主張する。当局を何とか抑え込んで協定化したのですが、それでも組合員に不満が渦巻く。

それまでは何の基準もなかった。すべてが現場長の考えで決まっていたのにいざ制度ができかかると、この内容では承知しないと言う。この協定は国労の積年の要求でも実現していなかった「人事協約」なんですね。マル生勝利の戦利品のようなものですかね。分割・民営化後にこの協定は廃止されました。

組合横暴の現象が

武藤　組合の言い分を無条件で容れることが職場の混乱を防ぐ道と錯覚する現場管理者も現れてね。管理能力の失墜現象ですよ。組合横暴とも言われる現象が随所にみられるようになった。組合の力が強くなりすぎたため、逆にそれ以前に労使で議論、検討して、やっと合意した各種の労働者保護協定まで、国鉄がたるんでいるからだと国民に受け取られる現象を生んでしまった。それは第二臨調（第二次臨時行政調査会）による国労攻撃、国鉄分割・民営化推進に当たって、権力側にいいように利用された。マル生でマスコミを活用したり、応援してもらったりしたやり方は逆に分割・民営化推進側の用いるところとなった。国鉄内の職場管理がずさんだというマスコミによる攻撃の形で、組合側に降りかかってきたからです。

自伝に武藤はこうも書いている。

私は、マル生攻撃に勝利したのは職場の闘争力だけではなかったと思っている。それも、単なる偶然（盗聴テープやマスコミの力）だったのではないかとさえ疑っている。協会派を含めた活動家が常に口にする「職場の闘いでマル生をつぶした」という発言は今も信じていない。（略）マル生に勝利し、労働者の権利が回復され、スト権ストを闘うまでになった国労運動が、マル生終了後わずか13年で、すべての権利を奪われた。分割民営を巡り内部対立を繰り返し、あえなく分断され、組織はおろかマル生以前にも比較できないような悪い労働条件で働かされていることを見れば、このマル生反撃闘争は本当の勝利だったのか、いま一度検証する必要があるだろう。

完勝は将来に禍根　4分6分決着がいい

武藤　マル生闘争に下手に勝ったから（国労と国労運動が）今日の事態に追い込まれているという面がありますよ。闘争や紛争、それに労使はどちらかが完勝するのではなく、4分6分という感じで課題を解決しないと将来に禍根を残す。

私が上京して経営側からまず聞かされたのが労使鏡論。片方が右を向いたのに片方が左を向いたままなら鏡に歪んで映るよ、と。歪んで映らないように共に問題に当たり解決する。

そういう均衡ある労使関係を作れればよかったのですがね。

しかし労働者には不満がたまります。日本国有鉄道という公社の経営者でも、政府の指示に逆えない雇われマダムではないかと労働者には見られてしまう。そう見られまいと当局は労働者の闘争（スト）に対して処分を繰り返す。これが労組を強くした。闘争―処分が繰り返されると、やはりスト権がないからだと、労働者はスト権を身近な問題として考えるようになる。処分が労働者の力を蓄積させた面が多分にありますね。そうしてマル生闘争に突き進んだ。マル生勝利後、トミさんが書記長、私が企画部長となって提起した路線は「勝って兜の緒を締めよ」でしたよ。

勝ったのはマル生を推進した当局側が不当労働行為を続けたからであって、まともな生産性向上運動を展開されていたら国労はすでに崩壊していたかもしれない。だから「労働者が自らの力量を知ろうじゃないか」と民主的規制を提案するわけです。72年の新潟大会です。民主的規制とは一口で言えば「おごり昂ぶりはやめよう」ということです。国労はそれまで「職場に労働運動を」が大スローガンだった。私たちは「職場と地域と生活に運動を」と提案した。

爆撃（猛烈な批判）を受けましたねえ。「なんだ、職場闘争否定じゃないか」とね。こちらが提起したのは自分の生活と密着した労働運動をつくろうという提案なんです。生活の中に運動をつくる。これは自分の力を知ることをも意味します。幹部や活動家だけが労働運動やるんじゃないよと訴えたのです。交通政策を正すためには地域と手を結ばないと運動は成功しないよと、そう考えて提起したんですよ。

何といっても社会主義協会の向坂派はマルクス・レーニン主義ですから。職場闘争の勝利以外に労働者の勝利はないというわけです。協会は向坂派と太田（薫・元総評議長）派に分れていましたが、太田派は私たちの提案を大事にしてくれました。

本部提案は多くの批判を浴びたものの、72年大会で承認されて国労の方針となった。しかし、地域と生活者に労働運動の仲間を作る、手を結ぶ――という実現すれば大きな成果を期待できる代わりに時間のかかる運動方針の実行を本格的に目指す前に、国労はスト権ストへ向かうことになった。

「富塚丸の船頭に」

武藤　マル生の最中に起きた「九条事件」で現場にいた私は、富塚の啖呵と気風の良い態度に改めて感服し、盟友として富塚に続こうという気持ちを新たにしたのでしたが、最初に彼と親しくなったのは私が九州から本部入りしてそれほど経っていないころのことです。中執として私は当時教宣部に所属していました。富塚や部長の小山田（哲也）が連携し、細井も加わって「1億円かけて、ビラ、チラシ、ポスターをつくり、職場と地域を埋め尽くそう」と発案した。当時は少なかったカラーで全部つくる。「くたばれマル生シリーズです」。（ポスターなどに入れる）文章は細井が書きました。ある日私は、シリーズのデスク仕事が長引き、本部で居残り作業をしていた。そこへふらっと富塚が現れ、「飲みに行こう」と誘われました。

私は、九州時代に参院選で国労の組織内候補（注 国労出身者の社会党員で、組合が全面応援する候補。国労は最盛期に20人余りの国会議員を擁し、地方議員も多数にのぼった。）となって立候補したが落選した先輩幹部から「富塚には気をつけろ」と散々聞かされていた。そこで最初は断りましたが富塚は、その先輩の名を挙げ「彼がオレのことを悪く言っているのは知っているが、まあオレと付き合ってくれ」と誘う。私も国労内で噂に聞く策士に聞いてみたいこともあって、結局同行したのです。

富塚は選挙戦術については「悪どくやろうがやるまいが、勝たなければしょうがない」

と言い、「オレは絶対に国労を守る。そのためにはどんな闘いでもやるし、妥協もする」と語った。それに私と同様電信掛出身で、田舎は福島。東京に転勤し大学の夜間部で学びながら労働運動を始めたと東北訛りで訥々と話す。私に関しては、豪放磊落な気質、短期間で精力的に全国の地本をまわって、地方幹部と意思を疎通させる努力をしたこと、少し前に私が提案した労働学校建設の発想、教宣部長・小山田からの信頼などを挙げ、同じ電信掛としての親しみまで口をついた。

「国労にいる限り手を結ぼう」

武藤 そのうち彼は「国労にいる限り手を組んでやろう」、と言い出した。私も話すうちに悪い奴じゃないなと思い始めていたから、そう言われて「よおし。わかった。兄弟の杯だ」と返したのが運のツキ。高級ウイスキーだったサントリーの「だるま」（オールド）を1本、氷入れの器に入れ、「九州流の仁義」で互いに飲み干しました。富塚丸は木の船か、泥の船か。しかし兄弟の杯を交わしましたからね。とうとう最後まで乗ってしまいました。「他愛のない」と言われればそうかもしれない。だが本部内にはまだ富塚を「危ない奴」とみる雰囲気が強くてね。地方幹部に多くの仲間はいても周囲で親身に語り合える友人は小山田、細井ぐらいに思えた。私も九州の川筋気質（注 炭鉱地帯を背後に持つ九州北部遠賀川周辺の労働者の竹を割ったような気風の良さ、強さを競う心理、生活スタイル。荒い気性もそのうちの一部）。富塚丸の船頭になってやろうと思いました。「九条事件」でその気持ちがさらに強くなりました。

——本部入りは富塚氏と同期でしたね。

武藤 ええ、1969年7月の帯広大会で国労本部入りして最初の仕事は、教宣（教育宣伝部。教育担当中央執行委員でした。門司地本では交渉部門の仕事が長かったので、やはり交渉担当を希望したのですが、新米中執の希望はそう簡単に通らない。新執行部は中川新一・委員長、酒井一三・書記長だったが、藤井（忠雄）副委員長に「机は両袖付き、ひじ掛け付きの椅子。部長級だ。文句ないだろう」と言われましたよ。私に不満は残ったが、「いざとなったら1期2年で九州へ帰ろう」と考え、ええ、ままよと、教育宣伝担当に就いたんですね。同時に東京地本委員長から本部入りしたトミさん（富塚）は書記長に次ぐ企画部長で華々しい本部デビューでした。

71年の春闘は気合が入っていました。空前の72時間ストというのもやった。私はポスター作りの傍ら今まで乗ったこともない飛行機まで利用して東奔西走しましたね。賃上げと合理化反対、そしてマル生闘争です。解雇が待っていました。それまで停職、減給、戒告、訓告と数多くの行政処分を受けてきたのですが、とうとうくるものがきた。71年の7月7日でした。この時の処分は解雇53人の大量処分。解雇理由は「公労法第8条違反で違法な争議行為を教唆扇動し、これを指導した」、だった。同じ解雇でも公労法違反なら懲戒免職に相当しない。国鉄在籍日月を換算した年金は受け取れる。日鉄法（日本国有鉄道法）違反による解雇だと懲戒免職とされ、年金受給資格を失ってしまいます。

武藤は教宣担当中執として、当局のマル生攻撃を跳ね返すためにも相手を理論的に論破できる指導者を養成する国労の労働学校建設を提唱し、理論と実践の融合を目指した。マル生闘争の最中に「そんな悠長なことをしていては、目の前で起きている事態に間に合わない」と、強い異論が出たが、富塚や細井、美見ら実力中執が支持した。これが先に富塚が武藤と〝盟約〟を結ぼうと〝リクルート〟した際に挙げた労働学校構想である。実力派中執の支持で労働学校は伊豆半島東海岸南部・大川に建設されたが、それは武藤の構想を大幅に上回る規模になった。完成したときはすでにマル生闘争は終わっていた。何よりも武藤が残念だったのは教育内容が「職場抵抗論」に染められて行ったことだった。

初代校長に就いたのは岩井章で、彼は8年間校長を務めた。

武藤は自伝で言う。

真に労働組合の理論を知る者こそ現実に対応できる」と「国労の今日までの歴史を教える」という（私の考えていた）指導者養成とは程遠い「職場闘争推進派」の温床となる教育施設になったのである。（略）講師陣も社会主義協会系の学者が中心となり、職場闘争を中心にした運動論＝権利闘争が重点的に取り上げられた。（略）「ドロドロ」した闘いの実践をしっかり叩き込むための教育が軽ろんじられ、生半可に学んだ経済学などで、一部に「働かないことで資本側の剰余価値（注　労働者が働けば働くほど資本家が投下する資本以上の価値＝利益を労働者が必然として生み出す、とする）を少なくする」といった暴論さえ真面目に語られるようになった。

＊＊＊

自民党の反発強まる

ここで、一部前述部分と重複するきらいはあるが、スト権スト直前の客観情勢に触れておこう。富塚の自民党工作は福田派に多くいた労働族と称された政治家を中心に行われた。他方、労働族以外の政治家はスト権ストが現実味を帯びてくるほど、労働側に反発を強めてゆく。閣僚協専門懇の加藤寛以外のメンバーでスト権に積極的とみられたのは当然にも総評顧問の肩書で加わった岩井章だが、彼はスト権スト前の10月15日付で同専門懇委員の辞表を出した。スト権付与に反対、または消極的な委員に囲まれていたが、委員を続けていれば意見書の内容が徐々に耳に入ってきていた可能性はある。ただ岩井は「(スト権闘争の)勝負はついた。問題は勝ち方だ」(同年10月19日、全逓信労組信越幹部学校の労働講座)と述べている(10月25日「朝日新聞」朝刊)。辞任は公労協、総評の意向だったとされたが、岩井自身も相当な楽観論を展開していた。

閣内では首相・三木と事務担当内閣官房副長官・川島広守の物事に対する考えと対処は多くの点で違っただろう。内閣実務の連続性を保つという理屈で川島は田中内閣から引き続き官房副長官に残ったとされている。しかし、三木が三木らしい政策を実現するためには首相就任後、数か月か、半年経過した後には川島を更迭しておく必要があったのではないか。田中から三木という大胆なイメージ作戦で局面転換を図った自民党なのだから、新内閣組閣時から短い間に川島を更迭しようと思えばできただろう。

スト権否定した関係閣僚専門懇

こうして提出されたのが経営形態論を軸にする関係閣僚専門懇の意見書であった。既に一部触れたように「国鉄、郵政、印刷（紙幣製造・印刷）、造幣は現行形態のままとし、アルコール専売、タバコ専売、林野は経営形態変更を検討する。そして電信電話（現NTT）についてはは民営化と現状維持の両論併記」に分かれていた。国鉄労働者のスト権は現行経営形態（公社制度のまま）なのだから認められない、としていたのである。

升田書は、「ここで見逃せないのは、国鉄に関してただし書きがついたことである。それは国鉄の経営規模の分割、あるいはローカル線などの経営形態の変更の検討を求めるものであり、これこそは第二臨調（第二次臨時行政調査会）の分割・民営化論議のさきがけとなるものであった」と指摘している。

国鉄の分割・民営化はこの時点で芽吹いたのである

裁定によって三木を首相に押し上げた椎名は、それゆえ三木に強い影響力を持つ副総裁と党内でみられていた。党内情勢を見ていた椎名はスト権付与に強い危惧を持つようになっていた。

さらに党運営の要、幹事長の中曽根康弘はスト権付与にはっきり反対していた。

党内では首相の座を退いて、なお大派閥を維持していた田中の動向が焦点だった。田中派は9月の派閥研修会で会長の西村が「スト権付与反対」を表明した。田中自身は派内、党内情勢、社会の動きを見ていたのか、見解表明は西村から1ヶ月あまり遅れた。10月も半ばを過ぎて「現段階のスト権付与は反対。スト権を言うなら民営化後の話だ」と態度表明した。関係閣僚懇の議論の趨勢を詳細に知った上の判断だろう。関係閣僚懇には前述したように田中に近い人物が複数いた。

福田派の労働族が主導できる局面は情勢が切迫してくるにつれて失われつつあった。三木は心の中に従って行動するのが難しい状況に追い込まれていた。そしてスト初日に開いた三木派定例総会の意見集約に繋がってゆく。その後も三木は、持論を腹中に収めたまま事実上のスト権拒否声明を発するのである。首相の座を保持するための持論封印とみて間違いない。

スト中、海部俊樹は連日首相官邸からＮＨＫに出演し、闘争本部の富塚とテレビ論戦を繰り広げた。両者を結んでベテランのＮＨＫ記者（解説委員）が司会をした。テレビでスト権ストを「違法で憲法違反だ、違法ストだ」と正面から攻撃する海部に、三木は「それでいい。その調子で」と言い続けた。

自民党に右翼バネ*が強力に効き始め、反発力が急速に強まった。公労協としてのスト権回復は不可能になったのである。公労協だけで、スト権を回復する力はないことが明白になった。

＊　党内右派、保守派が自民党にそぐわないとみるリベラルな、またはリベラルな要素を含む法案や政策が現実につくられたり、法案化される可能性が強まると、党内の多くがその法案、政策に反対するために結束する現象を指す。

社会党両院議員総会であいさつする富塚三夫（1975年12月4日）。
写真＝毎日新聞

第3章 「人生」1——富塚三夫

14歳で国鉄に就職

富塚　貧しさ、その現実が僕を労働運動に飛び込ませた。不平等、不公平に対する怒りと言ってもいい。言葉の上だけの話ではないよ。僕の生家はもう宮城県に近い福島県の北部にあるひどく不便な所（国見町）でね。祖父がとんでもない放蕩人だった。幼いころには沢山の日本刀や鎧がしまわれていた白壁の蔵1棟と土壁の蔵3棟が敷地内に建っていて、村でも有数の田畑を持っていた。ところが祖父は放蕩の限りを尽くして金を借りまくり田畑や蔵を抵当に入れて、借金のかたにとられてしまい小作百姓にならざるをえなかった。

生まれたのは1929年2月。8人兄弟姉妹の3男。だから三夫。小学生のころから馬車馬のように働いたね。嫌でも働かされた。ウサギ30羽、ヤギ数頭を飼っていたが、飼料になる草を刈るのは小1のころから僕の役目。刈った草を籠いっぱいに詰めて持ち帰る。1日も欠かさなかった。ヤギやウサギは売りものです。正月の雑煮にはウサギの肉が入った。年1回の肉だね。

アルバイトは機会があれば積極的にしました。夜間の電報配達や、炭売りの仕事もした。高等小学校も高学年になると日曜日には電線運搬のアルバイト。得たカネは全部母親に渡しました。

学校の成績は良かった。担任の先生が比較的金のかからない師範学校に進学するよう勧めてくれたが、両親は首を縦に振らなかった。僕も泣いて訴えたがダメだった。

長兄が弁護士の書生をしてその後、鉄道に入ったので、僕も高等小学校（41年から国民学校高等科に名称変更）卒業後、14歳で東北本線の福島県にある藤田駅（現在も国見町にある）に就職した。1943年4月です。駅手（雑務手）の試験に受かった。長兄が徴兵され、二兄は川崎の軍需工場に徴用。日給90銭の僕の給料は否応なくすべて両親の前に提出です。藤田駅には20人ぐらい駅員がいて、3分の2は女性。汚れ作業や駅舎外の仕事はことごとく〝坊や〟と呼ばれた僕にまわされた。徹夜番では先輩たちから言いつけられて、果物や野菜の盗み取りをやらされました。サツマイモは表面の蔦を枯らさないように掘り起こす。それに粗塩をかけて野外で食べる。当直の助役も黙認どころか、これで一緒に腹ごしらえした。

駅手として屈辱だったのは兵隊に応召した人の見送りです。同じ集落の人が大勢駅前で日の丸の旗を振っているとき、便所掃除している姿を見られるのはとても嫌だった。
敗戦半月前には国鉄の、郡山にあった（鉄道）青年錬成所に入所し勉強したが、間もなく戦争が終わった。それまで軍国少年は天皇陛下のために死ぬことが本望と心底から考えていた。子供心に植え付けられてきた軍国少年教育が、そうした考えを当然とする下地になっていました。

官舎からお膳を捧げ持って

――藤田駅時代で最も印象に残っている事柄は何ですか？

富塚　藤田駅で働いた2年半、（その間には青年錬成所入所期間も含むが）でいくつか心に焼き付いたことがある。その一つに駅長、助役の官舎の掃除がある。それはまあ、いいとして悔しかったのは彼らの弁当運び。官舎から駅まで500メートルのデコボコ道。奥さんの作った弁当のお膳を顔の目の位置に上げて運ぶ。ご飯やおかずに運ぶ者の息がかからないようにというのだが、弁当は風呂敷に包んである。それでもそうやって捧げ持つのが常識とされていた。味噌汁の椀にふたがないと、どんなに静かに運んでも汁がこぼれ風呂敷を汚してしまう。それで昇給を一度蹴飛ばされた。

二つ目は学士（キャリア）官僚の傲慢に見えた態度です。藤田駅は仙台鉄道管理局に属していますから仙鉄局幹部が交代で現場視察にやってくる。本社（鉄道省）採用の仙鉄局人事課長が駅を視察に来るというので、構内の草をむしり、便所や屋根裏まできれいに磨き上げて待った。3日間も家に帰らず作業をした。駅長を先頭に全駅員が整列する中、人事課長はほんの10分ほど駅舎で話しただけ。傍で直立不動の僕には目もくれず「ご苦労さん」の一言もない。

聞けば25歳というではないか。自分の親みたいな年齢の駅長、助役にロクな挨拶もせず、まして僕など虫けらのように無視して去った若造官僚。「畜生、本社採用官僚なんて何様なんだ」と、飛びかかって殴ってやりたい気がしたよ。後年、キャリア組の年次や先輩、後輩の関係を詳しく調べて、官僚を操ることを覚えたのもこの時の体験が原点になったと思う。

徹夜番の時の僕の仕事は踏切とレールポイントの安全監視。ポイント踏切小屋に1人でいると、猫や犬、時にはイタチも出没して寂しかったが、ここに蓄電池で灯るランプを持ち込んで、国語や数学の勉強を懸命にやった。軍国主義を信じ、天皇陛下のために心中、命を捧げることを誓いながらも、一方で高小を卒業しただけでは偉くなれないと考えていました。

小野君と呼んでいたが、未明の列車で到着する新聞を毎朝受け取りに来ていた青年がいて、彼が勉強のアドバイスをしてくれた。君づけで呼んでいたのだが、彼は僕より2歳年上。しかしそんなことは気にもせず、時には午前2時ごろポイント小屋に来て古事記や漢文を教えてくれた。長い間、小野君はどうしているかと思っていたが、その後、忙しさに取り紛れて音信不通になってしまった。

ポツダム宣言受諾の天皇の放送は藤田駅のポイント小屋で小野君の持ってきてくれたラジオで聞いた。それまで幾ら爆撃されても日本が負けるとは思っていなかった。

しかし、郡山駅前の化学工場がB29の編隊にたびたび爆撃（郡山空爆は1945年4月を皮切りに3度あった）されるのを、郡山操車場（実際の当時の名称は郡山機関区）で見ていた。青年錬成所入りしたあと割り当てられた職場はこの操車場だった。爆撃はすさまじかった。とうとう操車場も爆撃されました。僕は貨車の下にもぐって無事だったが、仲間が数人やられて死んだ。郡山駅前に1トン爆弾が落とされた時は耳が裂けそうな爆発音だった。藤田駅に戻るよう指示され、1台だけで走る機関車（短機）に乗り込んで戻ったが、すぐ敗戦。内地にいても爆撃の恐怖は十分味わったが、不思議なもので、軍国少年の胸にはここまで国内がやられても敗戦にストレートには結び付かなかった。だけど、負けるんじゃないかという予感もかすかにですが、芽生えてきていたようにも思い返しています。

仙台で電信科教習生に

――敗戦後はどこからスタートしたのですか？

富塚　戦後、僕は仙鉄局が募集した電信科教習生に応募し、合格した。焼け野原の仙台市の駅から5キロ離れた寮に入り、10か月間の教習をトップクラスで卒業できた。送信は上手ではなかったが、受信は自信があった。1分間に150字ぐらいは受信できて、比較的きれいな字で書き起こしました。卒業すると福島電務区に配属された。職場には女子が多くてまた「坊や」扱いです。それでも給料は日給から月給に変わり、腕に筋の1本入った国鉄マンの服で得意顔で通勤しましたね。

敗戦直後の国鉄はまだ戦前の階級呼称を続けていて上から勅任官、高等官、判任官、そして雇員、傭員となる。本社採用の学士（大学卒業者で幹部候補生として昇進が約束されたキャリア）組は雇傭からすぐ判任官、高等官に駆け上がる。学士採用組なら出来が良くても悪くても、年次ごとにトントン拍子で上位職に上って行く。この方式は戦後も現在まで呼称、形を変えてはいるが官界全体で続けられ、文系の場合、国家公務員文系一種試験合格者が、国の官公庁へ一般職で入った者を尻目に猛スピードで昇進し、さらに県庁など派遣された地方官庁では若くして責任あるポストに就く。そうして本省と地方幹部職を行ったり来たりする例も多い。２０１２年度から国家公務員総合職試験と名称を変更したが、幹部候補生試験であることに変わりはない。読者ご承知の通りである。

例えば小さな県警察本部の捜査二課長は29歳程度のことが多い。警察庁人事で派遣された部内でキャリアとか、有資格者と呼ばれる国家公務員文系一種（総合職）試験合格者である。階級は入庁後7年経過していれば警視。その1階級上の警視正から国家公務員になり、国家が給料を支払う。一般職から警視正に昇進し、比較的大きな警察署の署長や本部の一部の部長等に定年近くに就けるのはほんの一握りである。２０１２年度から採用方法が変わり、従来独立して実施されてきた外交官試験も総合職試験に一括された。法務省は総合職試験合格者と別に司法試験合格者が主なポストを占めている。

また公社である国鉄は人事院が実施する国家公務員試験とは別で独自に試験を行い大卒本社採用組は学士採用と呼ばれ、他からはキャリア組とも称され、国鉄内で一般官庁のキャリア組同様の処遇を受けた。

富塚は鉄道教習所中等部の業務科試験に合格し、再び仙台の寮に入った。中等部を卒業すると旧制中学校卒業者と同等に認定されるのが何よりの魅力。さらに専門部を目指すのが夢になった。そこを卒業すると準キャリア組に扱われ、地方局で出世頭になれるかもしれなかった。

富塚　仙台駅前は闇市でごった返していた。そこを高下駄を履き、マント風の布を羽織って得意気に歩いたのを思い出す。仙台は旧制二高（現東北大）の地。二高生スタイルを真似して得意になっていた。憧れがあったな。GHQの命令で本来3年間だった業務科の授業は2年に短縮され、卒業と共に僕は伊達駅の予備駅務掛になった。出札、改札、貨物の配車など何でもやった。そのうちに貨物掛にまわり、ここで人生観が変わった気がする。

伊達駅周辺は果物の宝庫。特に桃が好評だったが、貨車は全く不足していた。各駅の貨物掛の間で貨車の取り合いになる。僕は仙鉄局の配車掛に果物を送り、時には酒も送って丁寧にお願いする。酒は農協に頼む。そうすると翌朝にはわが方に確実に空車を配車してくれた。通運業者は飛び上がって喜び、青果組合の幹部は駅長にお礼に来る。駅長は昇給させてくれたし、仙鉄局では知られた貨物掛になったよ。

――上京はいつ？

富塚　１９５2年1月です。集団転勤列車で上京しました。仙台鉄道教習所時代の親友、林崎（正）君と言いましたが、彼が先に上京していて新橋駅に勤めながら明治大学夜間部で政治学を専攻し始めていた。彼がしきりに上京を勧める。国鉄は当時、定員法を実施するため人員整理と併せて地方の職員を大量に都市部に転勤させていました。それに親友が大学の角帽をかぶっている姿にもあこがれた。いいなと思った。親は上京には反対だったけれども僕は上京しました。地方から東京勤務になるとほとんど格下げの憂き目を見るんだが、電信の技術を持っていたので格下げされずに済んだ。

職場の東京電務区は東京駅前の丸の内北側にあった国鉄本社ビルの1階にあって、2階が電話交換室。総勢５００名ほどの大所帯。旅客、貨物列車の編成、運行ダイヤ、営業や経理の統計など全国鉄に必要な指令や指示はいったん地方電務区から東京電務区に送られてくる。それを振り分けてまた地方の電務区に送受信するのが仕事。モールス信号ですよ。ローカル線担当でしたが、まあ、受信は得意だったので何とか頑張れた。

三鷹（東京都三鷹市）の寮に入り、組合の分会で青年部長に推されたが、当時は福島育ちの多くの人がそうであったように「い」と「え」、「き」と「ち」の区別がうまくつかない。僕も全くの苦手。服のセンスもなく「野暮ったさが歩いているようだ」と、噂されていたのは知っていた。2階で交換手の300人余りの女性に（組合活動の）報告するときは大変だった。発音を間違えては若い女性たちに笑われた。「三夫少年一代記」などいろんな作り話も生まれた。

明治大学夜間部（2部）に入学

富塚　熱心に上京を勧めてくれた林崎君は新橋保線区で踏切番をしていた。その親友の勧めもあって、明治大学政経学部を受験し、合格して喜んだのもつかの間、入学金の都合がつかない。ギブアップ寸前で三鷹寮の食事係りのアルバイトをしていた青年に涙ながらに事情を話した。彼は翌日貯金を下ろして入学金を貸してくれました。林崎君同様忘れられない青年期の恩人の一人です。

僕は明治大学を56年に卒業、ということは4年間で順調に卒業したわけ。戦後日本の復興の中で最もお金になる仕事は何かを考え、僕は政経学部でも経済学科を志望したけど、（労働運動家になる）運命というものはわからないからね。大学で最も苦労したのは外国語。特に第二外国語にとったドイツ語。たいていの科目はクラスメートのノートを借りれば何とかなった。でも英語とドイツ語は本人が出席しないと分からなくなってしまう。

外国語の授業がある日に、徹夜番が回ってくると仕事を早めに片付けて、そっと裏門を出てお茶の水の明大へ向かう。ところが意地悪な助役が門のたもとに隠れていて、僕をとらえてストップをかける。厳密に言えば職務中だから職場を離れられないのは当然だとわかってはいるが、受講後に本社に戻れば徹夜番をするわけです。その前段階の休憩時間と解釈して見逃してくれてもいいのではないか。パチンコに行くのではない。勉強のためなのだし、東京駅から御茶ノ水駅までは2駅。職場も大学も駅からすぐ……というのが僕の言い分。僕はその助役を恨んだ。正直、組合の幹部になってから彼の出世を妨害したこともあった。若いころのしっぺ返しをしたわけです。

ちょうどそのころ、組合の新橋支部専従書記長が退任するので僕に電務区と東京地区の専従執行委員になってほしいと打診があったんです。その時は組合幹部になろうという気持ちは毛頭なかった。ただ組合専従には徹夜勤務がない。外国語の講義に正々堂々と出席できる。そう思って渡りに船と飛び乗った。実際はこれで組合運動から抜けられなくなったのだがね。

新橋支部は東京地本の中でも支部組合員が1万3000人いました。東京駅、東京車掌区を抱えてますから、東京地区の中心拠点です。国労内の運転部門はほとんど革同系で日ごろは彼らの威勢の良い掛け声で我々民同系は陰に隠れがちの感じだった。新橋支部は民同の巨大な勢力を持ちながら、革同勢力が活発だと、同じ民同系の強い上野や八王子支部からも何となく敬遠される感じがした。僕は福島時代は勢力の強かった共産党シンパのようなものだったから、何となく革同の連中とウマがあった。革同に加わろうとは思わなかったが支部の堀江貞助・委員長も僕と似た考えを持っていて、随分かわいがってもらいました。組合内では民同学校とか革同学校という風に派閥を学校と言ってました。支部内の勢力争いは一進一退。勢力伯仲です。

一票差で新橋支部書記長に

――人生を労働運動に賭けるという気持ちを固めたのですか？

富塚　僕は支部中執を2年務めて支部書記長に立候補した。代議員は121人。無効票なしの61票対60票で僕が勝ちました。ここで書記長になったことが、僕の進路を決めることになった。この時、書記長に落選していたらまた違う道を歩いたかもしれない。1票がその後の人生を決めた。1956年夏です。無派閥の代議員に的を絞り、集中的に投票を呼び掛けたのが功を奏したと思っています。

書記長時代には「出、改札順法闘争」というのを初めてやった。「職員の執務準則」には、

「改札口で左手でお客より切符を受け取り、日付、乗車区間、運賃などを確認した上、改札のハサミを入れ、丁寧に返すこと」とあった。これに沿って、この通りに試しにやってみた。案の定、改札は大混乱。マスコミも大きく取り上げた。要員獲得闘争の一つとしてやったのですが、反響が大きく、当局はその後、執務準則を変更した。これが順法闘争*と言われるものの最初です。その時の有楽町駅分会長や支部書記長を争った候補とはその後も仲良く酒を飲んで、熱心に議論して濃密な仲間づきあいをしてきたんだが、皆故人になってしまった。

当時の国労は大別すると民同右派、民同左派、革同派の3派鼎立《ていりつ》。民同左派も一般組合員から見れば右傾化傾向にあるとみられて、全国大会や地方、支部大会などでも「民同派はダメだ」としばしば悪口を言われた。僕が国会議員になるとき身の回りの世話をしてくれた屈強な佐藤俊夫君は青年部の暴れん坊だった。品川駅構内で、組合員に演説していた僕の胸ぐらをつかみ「この民同のダラ幹野郎」と殴る蹴るの暴行を働いた。ダラ幹とは「だらしのない腰抜け幹部」の意味で使われた言葉です。そんなこともあったけど僕自身には何とも希望に満ちた時代でしたね。結婚後も明大夜間部に通ったが、周囲から新橋支部のアイデアマン、行動隊長と呼ばれて今から振り返ってもきっと溌剌としていたと思う。

＊　執務準則に忠実に仕事をすると国鉄ダイヤに影響が出て特に通勤電車の遅れで車内や駅は大混雑した。70年代の春闘時を中心に国、動労はこの戦術をしばしば実行した。ただし国労が編さんし、１９９６年発行した「国鉄労働組合50年史」は敗戦直後の１９４６年２月に東京の省電を対象に行われた安全運転闘争が、やはり大混乱になった、と記している。大混雑の結果、その後発足した国労も長くこの戦術を採らなかった。省電とは私鉄とは違う鉄道省運営の電車の略。現在の山手線、中央線、京浜東北線等都市線区内電車を主に省線と呼んだ。国鉄発足後、省線世代が減って行くに従い国電と呼ばれ長く定着した。46年当時は単一労組としての国労がまだ生まれていなかったから富塚は国労としては初と言いたかったのかもしれない。

食卓はリンゴ箱　新婚生活スタート

富塚　僕と妻の千代子は高等小学校（国民学校）の同級生です。千代子の方が10か月早く生まれたけど。妻は故郷の小坂（現国見町）の特定郵便局に就職し、僕が非番の時に郵便局に遊びに行っている間に付き合うようになった。僕が東京に転勤してからは結婚を真剣に考えるようになり、幸いにも千代子の姉も弟も東京貯金局に勤めていたので、郵政の組合の委員長が彼女も東京に移れるよう取り計らってくれました。運が良かった。

１９５３年に結婚しましたが、結婚式は挙げませんでした。中央線・阿佐ヶ谷駅に近い国鉄ＯＢの自宅の２階１間を借り、食卓はリンゴ箱にビニールクロスをかぶせただけ。当時は誰でも似たようなものだったと思うし、新婚時代はそんなことは気にしない。これから新たな生活を築くという希望と共に生きているんだからね。2003年夏に飯坂温泉のホテルで金婚式を挙げることができた。田舎者同士の結婚だったけど、その分だけ呼吸が合ったからね。それが良かったと思う。自宅は世田谷区に移って長い時間が経つけど、妻は今も元気です。

「富塚家のルーツは伊達藩の家老」

富塚　結婚や私生活の話ついでに富塚家のルーツについてぜひ話しておきたい。僕が誇りにしている事柄でもあるからです。富塚家については仙台市の教育委員だった故山内和雄氏が「富塚の一族のすべて」、それに宮城県一迫町（現・栗原市）の教育委員だった佐藤一夫氏も「富塚物語」と題する本を書いています。これらに書かれているところでは「富塚家は小坂の旧家として『御番所』で通っており、江戸時代の交通の要衝、上戸沢番所の役人だったそうで、その先祖は伊達藩の家老職を世襲する「宿老家」だったという。

1959年8月には伊達政宗直筆の書状が実家から見つかり、「開けてびっくり　独眼竜のお墨付き」の見出しで報道されました。蔵の中にあった金目のものは全部売り払ったが、桐の箱に入ったこの書状はあまりにも見事な筆跡。これだけは残したという。鑑定にかけて正宗の本物の書状と分かった。町の文化財になっています。

この家系を僕は密かに自負している。封建的な考えではないんですよ。先祖を敬い、自分のルーツを探り、そこにアイデンテティを求めるのは悪いことではない。家系に誇りを持って活躍する子孫が1人でも多く出てくれたらいいなと、僕は考えているのです。

官僚へのあこがれと強いコンプレックス

――富塚さんは経験を積むにつれて岩井章さんへ批判的になります。理由は何だったのですか？

富塚　それはね、表では強い姿勢を打ち出しても、裏では当局と政府に妥協するやり方に疑問を持ち始めたからだよ。どうも一般組合員の気持ちと外れているのではないかとね。それでも岩井さんを信奉することは長かったね。

僕は高小しか出ず、後に大検（大学入学資格検定試験）に合格して明大夜間部を卒業しただけに、官僚に対して強い憧れとコンプレックスを持っていた。自惚れかもしれないけどね。まともな教育課程を通って勉強できる環境にいたら、東大法学部ぐらいは突破できたのではないかと密かに思っている。だからか、東大出の官僚には自分でも嫌になるくらいコンプレックスを感じていたな。

組合に協力的な官僚を大事に

富塚　60年安保（1960年の新日米安全保障条約反対闘争）の年、東京地方本部の企画担当中執になったんだが、官僚たちには随分気を使い、人間関係をつくりあげるのに努力しました。その前にも少し触れたけど、採用年次別に彼らの名と卒業大学を覚え、詳しく経歴を調べた。そこから官僚間の親分、子分の関係を分析する。これで知った知識を活用して彼らに接した。それでこちらの存在価値を認識させ、組合との力関係を理解させた。

当時の事務系では1944年（鉄道省＝のちの国鉄＝入省）組の原岡幸吉氏と山口茂夫氏が張り合って子分作りに励んでいた。原岡氏は営業系で（のちの総裁）磯崎氏につながり、山口氏は総務畑。職員管理系統の中心人物でした。電務区が所属する技術系キャリアでは北大系と東大系が激しく争っていた。国鉄キャリアの世界でも、東鉄（東京鉄道管理局）勤務を経験することが出世の早道になっていて、東鉄の部長や課長を経験した者が本社の主要な役職に就いた。ここのところが大事なポイントとみて、組合に協力的な官僚を徹底的に大事にしました。

僕は主にノンキャリアの東鉄局労働課長（本社の労働課長はキャリアポスト）から事前に情報を得て、キャリア組の人事課長や総務部長と渡り合うのですが、合理化案件一つとっても相手の顔を立てつつ組合への譲歩を勝ち取る手法を用いてきた。交渉結果は同じビルにあった本社にすぐ伝わる。キャリア組も点数をつけられる。だから顔を立ててもらうと彼らも満足する。

徐々に食事に誘われるようになった。本社労働課長をはじめ課長クラス、時には職員局長。2日に1回ぐらいの割合でよく飲んだなあ。新宿西口の小料理屋。川野氏については先にも触れたが労使関係のカウンターパートナーとして長く付き合うことになるスタートがこの時点だった。僕も酒が強かったが、彼も本当に強かった。幾ら飲んでも崩れない。

東鉄総務部長だった橘高弘昌氏ともウマがあった。彼は熊本の出身。酒好きで九州男児の典型だったが三味線が上手で芸者衆も顔負け。彼も常務理事にまで上り詰めたが、大分前に故人になった。そのほか文書課長らをはじめたびたび電話が入る。料理屋で腹ごしらえしてからクラブやバーをハシゴする。仕事の話はしません。猥談などに花を咲かせるというところですか。楽しい付き合いだった。

だからといって交渉では労使で譲れないところは互いに固執して結論が出ない。互いに時間をかけて妥協案をつくるという風にしました。

ノンキャリアの東鉄労働課長、小林壬子三郎さんには処世術の基本といったようなものを教わったね。子供のように可愛がってもらいました。麻雀が好きで徹夜マージャンに付き合わされることもあった。田舎の身内の相談にも乗ってもらった。そのほか数え上げればきりがないほどいろいろな人と付き合い、多くの人に可愛がってもらったと思う。

労使癒着の批判は否定しないが…

――酒を介した労使癒着ではないですか。

富塚　その批判はありました。批判の声を否定はしません。しかし安保闘争や、日韓条約反対闘争など政治ストでも主役を担わされた国労です。時の権力の大きな罠にはまらないためには（労使）ともに知恵を出す必要があった。共に知恵を出すには水面下で人間関係ができていなければうまくいかない時代だった。

総評事務局長に就いた後も、日経連（財界4団体のうちの一つ。経営側の労務、賃金対策の司令塔の役割を担ったが、後に経団連が吸収）の松崎（芳伸）専務理事らとゴルフをした時も、風呂の中では必ず先に背中を流した。進んでそうすると「富塚というのは大した男だ」と、どこかで褒めていたという噂が伝わってくる。
労相や高級官僚、各界のリーダーに誘われた宴会でも、仮に上座にあっても先に「お流れをください」と盃をいただく。一歩下がった態度に相手は驚き、人間的信頼関係も深まる。処世術としても重要だ。僕なりにマナーを身に付け、信頼してもらえる努力をしたわけです。かつて藤田駅に視察に来た若いキャリア官僚が自分の父親のような年齢の駅長を人前で「くん」づけで呼んだ。こんな見下す態度だけはしまいと肝に銘じていた。見苦しい。

左派でもゴルフは面白い

――富塚さんは国労で岩井氏のやり方に反対することが多かったと言うが、左派のポジションは崩さなかった。その左派労働運動家がゴルフをプレーするのか、と、ひところ随分話題になったし批判や揶揄《やゆ》の対象になった。

富塚　明大夜間部で友人になった男がゴルフをしていて勧められクラブを握った。起床を早めて世田谷の自宅から、自転車で近くの練習場まで行き、打ち放した後、朝風呂で汗を流して仕事に出かけた。そうすると気持ちがすっきりして頭の回転も良くなった。

まだゴルフが金持ちや高官のスポーツとみなされていました。しかしスポーツにそんな差別があるのか。「金持ちのスポーツ、貧乏人のスポーツ」があるなんておかしいと思っていた。まわりから「やめろ」と忠告されたが、絶対にやめる気持ちにならなかった。正直面白くてね。かえって他の組合幹部にも勧めました。御徒町（アメ横のある街）で安いクラブを買うことも含めてね。週刊誌をはじめ、いろいろ叩かれました。コンペを主宰したりもしたからね。もちろんグリーンフィーは自分で払う。後には「いま組合幹部たちが堂々とゴルフできるのは、先駆者である私が叩かれても叩かれてもやめなかったからである。迫害と中傷に耐えて頑張った」とコンペの後などにジョークを飛ばして笑わせた。

ついでに言うと総評事務局長時代の話なんだが、ゴルフ好きの役員や書記と千葉でコンペをやっていた。81年だったかな。その時にポーランドのワレサ「連帯」議長（後に大統領）が逮捕された。新聞記者が押し寄せてきた。ワレサと連帯運動を支援した日本の友人としてコメントがほしいと言うわけだ。秘書には行き先を口止めしてあって、彼女は頑として言わない。これはきっとゴルフに違いないと見当をつけた毎日の記者から「ワレサ監獄　富塚ゴルフ」と書くぞと脅されたと秘書から連絡があり、総評へ戻った。その日は優勝間違いなかっただけにいささか残念だったが盟友ワレサの一大事。そんなことも言っておれなかった。

解雇した当局側が内密に励ます会

富塚　33歳で東京地本の書記長になりました。その翌年の1963年5月に公労法8条違反で国鉄を解雇された。委員長の外山四郎氏と共にストライキ指導の責任を問われたわけです。春闘では国労を先頭に公労協がストで闘ったから自民党の労働問題調査会（労調）が処分に目を光らせていました。当局は労調に叱られないようにストの規模を勘案して処分者の頭数を揃える。解雇は本部と地方幹部数名でセットになり、地本書記長になったばかりの僕もその中に入った。東鉄の総務部長だった橘高とは人間関係を築いていたので、彼も悩んだのだろう。僕に「勘弁してくれ」と何度も頭を下げた。内密で僕を励ます会を開いてくれました。

田舎の母親は「息子が何か悪いことでも仕出かしたのか」と心配していると僕に聞こえてきたが、幸いだったのは満20年在職で共済年金が受け取れたこと。毎月6万円ほどの年金だが20年未満の在職ならこれは入ってこない。処分が怖くて労働運動の指導者が務まるか、と自分には言い聞かせてきたが、田舎の身内や周囲の人は随分心配してくれたらしい。犠牲者救援規則に則り、カンパも含めると300万円ぐらいの見舞い金を受け取った、と覚えている。これと阿佐ヶ谷のあとに自前の家を建てて住んでいた芦花公園（世田谷区）の自宅を売り、同じ世田谷の牧場跡地の土地50坪を買い、新築した。建前の時には友人たちから「よくもこんな田舎に」とからかわれたが、今では環境の整った良い住宅街になっています。

注　本章では、富塚の記した私家版（非売品）の自伝「一本の道」を手元に置いて質問した。なかなかはっきり思い出せないという部分があっても、この本に書いてあるから、ここから引用してほしいという応答があり、富塚と筆者の合意で相当部分をインタビュー形式に直して掲載した。

第4章 「人生」2――武藤 久

北朝鮮・羅南を脱出

――武藤さんの青春は数奇に満ちていたようですね。

武藤　朝鮮半島からの脱出行です。私は1928年大分県の玖珠町生まれですが、敗戦の45年8月には北朝鮮の清津府羅南町に住んでいた。敗戦の2年前（43年）に朝鮮総督府鉄道局に就職したのです。羅南駅で電信係をしていました。まだ10代。羅南は（日本軍の）基地のあった軍都ですが、いつもは平和で静かな街でした。翌年になると内地（日本本土）では、戦略爆撃機B29の空爆が激しくなり、45年4月には沖縄で地上戦が始まった。悲惨な結果になっていましたが、羅南では特攻隊の反撃で米軍に甚大な損害を与えた、と報道されていた。そのあとにラジオは「わが方の損害は軽微なり」と続けていました。

私は「持ち場、職場でご奉公」の歌を口ずさみ、依然として必勝の信念に燃える軍国少年

武藤久 国労委員長（1976年）
写真＝共同通信

でした。7月に入ると羅南上空にも（米軍の）B29が飛び始めました。偵察飛行のようで爆撃はなかった。8月9日、灰色の爆撃機が飛んできてソ連の開戦を知ったわけです。それまでの高空から偵察する（米軍の）B29とは違う実際の空爆が始まった。弾薬庫や港湾施設が空爆の標的になりました。爆撃はやみません。夜間防空壕から見た花火のように炸裂するソ連軍の艦砲射撃は今でも目に焼き付いて離れませんね。

日本軍も高射砲を並べて爆撃機に向けてではなく、清津港に上陸するソ連軍に砲撃するのですが、彼らは清津港沖の艦船から日本軍の天馬山高射砲陣地を徹底的に砲撃した。岩石の山である天馬山の形が変わるほどの艦砲射撃です。それからは日本軍の反撃は途絶えてしまった。

羅南から撤退列車が仕立てられたが12日の最後の撤退列車は石炭が足りない。石炭のあることが分かった20―30キロ先の輸城までソ連軍の最前線を越えて取りに行くことになり、羅南に残る2台の機関車のうちの1台で輸城へ向かった。鉄道で私の1年先輩も参加した。帰りがあまりにも遅いので私たちは数人で保線区が使う手押しトロッコに乗り、様子を見に行ったのですが、彼らの機関車は輸城手前で逆方向から来た羅南へ向かう機関車と正面衝突していました。先輩は合図燈を握ったまま、30メートルも吹き飛ばされ田んぼの中で絶命していた。

すべての信号通信設備は使用不能。機関士や助手、指揮に当たった若い将校以下全員死んでいた。私たちは遺体をその場に埋め、合図燈を持ち帰りましたが、途中ソ連兵と遭遇した。マンドリン銃（ソ連兵が使用した代表的な短機関銃）で威嚇射撃しながら「こっちへ来い」と手招きする。私らは必死で山中に逃げ込み何とか羅南に帰り着きました。

翌13日の午後、今度は3駅南の朱乙駅を目指して撤退列車が出発しました。朱乙駅に石炭が貯蔵されているのが確認できたからです。住民と軍の鉄道隊が乗りました。私たちは同僚10人で乗り込み、帰国するまで5人が行動を共にできましたが、その時はまだ羅南に戻ることを前提にしていた。一時的避難と考えたから持参したのは三角巾と防空頭巾、包帯、医薬品少々、それに乾パンなどで、8月だから当然、夏服です。

トンネル爆破を手伝う

途中、トンネルの爆破作業を手伝い通常なら20—30分で行ける朱乙まで4、5時間かかった。ソ連軍の進撃を遅らせる焦土作戦です。猛烈な機銃掃射にも遭い、逃げ惑う私らに「うろたえるな。弾はそんなに気安く当たらない」と怒鳴っていた若い将校は、逃げずに客車の座席で胸を打ち抜かれて死んでいた。朱乙から城津に着いたのは16日だったと思う。列車妨害が幾つもあって、普段なら半日で充分のところを2日間かかった。列車が南下を続ける窓からは民家に煌々と灯りが灯され、庭先で踊る朝鮮の人の姿を何度も見ました。

「何ということだ。戦争の最中に敵を呼び寄せるように灯りの下で踊るとは。この非国民め」と、私は思ったが、これは神国不滅の皇国史観に凝り固まった（植民地の）日本人が如何に無知だったかを示した一例でした。国内では（同月15日に）ポツダム宣言受諾を昭和天皇がラジオで表明していたのです。朝鮮半島は1910年以来、日本の植民地に組み入れられ辛酸を嘗《な》めた。それ以前にも（1905年の）日露戦争終了から間もなく外交権を奪っていた。

列車には朝鮮人の指導者のような人が現れ、さらに南下するよう指示した。「威境南道の威興に行け」と言う。これは避難列車が収容所行きの列車になったことを意味した。18日、威興鉄道教習所に収容されました。ここで日本の敗戦を知ったのです。日本が壊滅状態である、と聞いても疲れきってただ体をぐったり横たえる人々の姿がありました。まだ状況をはっきりつかめなかった。茫然自失だったんですね。

敗戦から1ヶ月余り過ぎても避難民救済の作業は何も始まらなかった。厚生省（現・厚生労働省）発行の「朝鮮終戦の記録」には行政の残留責任者が適切に指示、指導していたと書かれているが、決してそんな状況ではなかった。10月に入ると北朝鮮では冷気が身に染みてきます。時計などの貴金属の売り食いも底をつき、入浴もできず、栄養失調になる人が続出しました。収容所は発疹チフスの温床になった。死んで行く人が増えました。

乱れ飛ぶ暗い噂

解放された朝鮮人は避難民の保護より、治安維持に力を注ぎ、さらに戦争責任者の追及、日本支配に協力した朝鮮人の摘発などが中心でしたから、暗い噂が日本人の間に乱れ飛びましたよ。私たちはただでさえ苦しかったが、焦土作戦であるトンネル爆破に協力しましたから精神的にも恐怖のどん底です。朝鮮人の組織した保安隊は日本統治時代の主に朝鮮人役人、警察官、鉄道上層部その他、植民地支配に協力した人を連日、逮捕、投獄していました。

避難所生活では働いて現金をもらい、食料を確保するのが生き延びるための最低条件ですが、金になるような仕事はほとんどない。あっても避難民自治会の指示で、家族のいる人が優先されるので、道路清掃や公会堂の掃除などが週2回ほど割り当てられるだけでした。

売り食いするモノはないし、残飯拾いやゴミ箱あさりでタラの頭、腐ったリンゴなどで飢えをしのいだ。乞食と同じです。夜になると押し掛ける囚人兵と言われた丸坊主のソ連兵をドラム缶、バケツを叩いて撃退する作戦に参加してわずかな協力費を稼ぎましたが、それもつかの間、ソ連兵が持ち出してきたマンドリン銃の威嚇射撃には対抗できない。眼前で日本人婦女子が凌辱されるのを見た。戦争の酷さを見せつけられました。

収容所脱出を決行

半袖シャツの着た切り雀ですから、こんな生活では冬が来れば命を落とすだろうと同僚の誰もが感じていた。誰いうともなく脱出が当面の目標になりました。すでに8月28日には朝鮮半島が38度線を境に南と北に分断されたことは噂でほぼわかっていました。10月末になると「あの死体捨て場はもう一杯」とか「死体を捨てる穴を今のうちに掘っておかないと、凍って土が掘れなくなる」という暗い会話ばかりです。

威興の収容所を11月10日、夜陰にまぎれ脱出しました。私たちの脱出グループは沖縄出身の男をリーダーに7人でしたが、実際には2人1組（1組だけ3人）でペアとなり、客車の屋根に乗りました。一切喋らず目で合図する。他の組がどんな事態になっても無視すると申し合わせ、私はリーダーとペアになりました。服装は何とか朝鮮風のものを収容所生活で調達していました。

保安隊の検査、検札がない代わりに列車の屋根は振動や急ブレーキで身体が安定しない。屋根は朝鮮人で鈴なり状態でしたが彼らは互いの身体を屋根の中心から少し傾斜している両側に、振り分け荷物のようにロープで括りあっていました。私らも真似をした。眠くなった時やトンネルで蒸気機関車の熱い煙や火の粉を浴び、驚いて身をよじらせても片方の重みで屋根から落ちない工夫ですからその後の逃避行にも大変役立ちました。それに煤煙で真っ黒になった顔は、日本人、と怪しまれずに済むのに役立ちましたよ。

ところがやっと38度線に近づいたな、と思ったときアクシデントが起きた。屋根に乗った列車が切り離され、ペア1組があれよ、あれよという間に別のレールで遠ざかる。驚いた私たち5人は列車を飛び降りた。次の列車を待つ間に保安隊に見つかりそうになり山中に逃げました。やむなく仲間が持っていた磁石頼りに徒歩で南下した。できるだけ線路を離れないようにしました。

しかし鉄道沿線の警備が厳しいことは徐々に分かってきた。山間の道も保安隊が抑えていた。夜間に河を渡ることにしました。昼間の偵察で河のもっとも浅いところを見つけていましたから、そこを渡りました。ところが浅いと予測したところが私の背丈より深く、ここで私が頭に乗せていた衣服類は全部流されました。まだ凍る前の澄み切った流れの深浅をはかる目測を誤ったのです。何とか岸に泳ぎ着き、すでに岸に着いていた4人に引っ張り上げられました。11月14日の夜とはっきり覚えています。

――その季節の河では相当に冷たかったでしょう。

武藤　裸の私は疲労と寒さでもう歩けない。満天の星でしたが、このまま死んでしまうのかと思った。4人は刈り取られたコウリャンの茎で身を隠す壁をつくり、交互に私の身体をさすって温めてくれた。彼らの献身的な介護を忘れません。そこへ突然、朝鮮人の青年たちが踏み込んできた。島内里の青年警ら隊で、詰め所に連行されました。私たちは収容所への送還を覚悟した。

あたたかく迎えてくれた北朝鮮・旧家の母

武藤　しかし、そこへ1人の男が来たのです。金完氏です。流ちょうな日本語で私たちの身の上を聞き、私らを自宅へ連れて行くという。金氏は村の小学校の先生で、警ら隊の青年たちも信頼しているようだった。金氏が責任を持って後刻、身柄を引き渡すと約束してひとまず私たちを引き取った。とはいえ警ら隊の青年たちも心配とみえてついてきた。暖かいオンドルの部屋に迎えられ、金氏の母親手作りのご飯と汁物を食べさせてくれました。お母さんが出てきました。60歳は過ぎていたでしょう。ここで我々の予想もしない展開になったのです。

彼女は警ら隊の人たちに「この5人を私に預けてくれないか。（警ら隊の上部組織という）保安隊には私の方から届けて了解をとる」と話しているのです。警ら隊員も驚いたが一番びっくりしていたのが金氏のようでした。やり取りが続きましたが、結局、警ら隊員は引き揚げて行った。

老母は私たちを前に「この子たちを冬の間、金家親族で預かり働かせながら、春が来たら帰すことにしたらどうだろう。お前が明治大学に入学し、（東京の）神田で下宿していたころは（植民地の人間だと）差別されていたが、お前を可愛がり、立派に大学を卒業させてくれた下宿の母親を思い起こせ。私は機会があれば一度お礼を述べたいと思っていたが、会う機会もなく心残りに思っていた。この子らはお前が大学に入ったころと同じ年頃じゃないか。日本の母親はこの子らが生きているだろうか、と心配しているはず。だからここで一冬面倒を見て暖かくなったら帰国させたらどうか。私はそれが神田の下宿の母親の恩に応える道だと思う」と言ったという。朝鮮の言葉は容易にわからなかったが、これは後日、金氏から聞いた話です。

いったんは引き取って休息させ、数日後には警ら隊に引き渡そうと考えていたらしい金氏は「親日的とみられている金家がまた、地区の人民委員会ににらまれる」と逡巡したが、母親の強い意見に従った。翌朝、金氏の叔父と母親が地区の委員会に出向き、5人を預かる了解を得てきたのです。こうして私ら5人は分散して金家の親族に預けられました。これを疑問視する村人もいたと聞きましたが、旧家で敗戦時まで村長だった叔父の説得により地区の合意が得られたと聞きました。厳冬期に入る11月に人民委員会や、保安隊、警ら隊、村民、一族を説き伏せてくれた島内里の母に何とお礼を言ったらいいかわからない。年齢的にもう故人になっておられるであろうとは推測できるが、その後何とか会いたいと接触を試みた。だが、実現できなかった。心残りです。

――どうやって帰国できたのですか

武藤　金氏はたびたび、38度線（南北分断ライン）の状況、残された日本人の生活など情報を伝えてくれていたのです。私たちは仲間の1人が住むことになった金氏の家をたまり場として、日本語がタブーの時代に入ったにもかかわらず日本語を自由に話せました。仕事は農作業中心でしたが幾ら教えられても村人の3分の1できたかどうか。うまくいかなくても叱られることは決してなかった。

村も決して豊かというわけではなかったが、正月や村祭りでは家族と同じ食事が振舞われました。あの一族、あの村に巡り合わなかったらと思うと……。そう、かの地で命を失う運命だったかもしれない。徳を重んじる儒教の国・朝鮮は、計り知れない懐の深さを持つ国だと思いましたね。母が人間的に村人に尊敬されていて、金氏が村の教師、叔父が最近まで村長だったことが私らに幸運をもたらしくれました。この地区の大地主であったという金家だけに、戦後も始まったばかりの段階ですから、まだ村の中心的な存在だったのでしょう。

島内里のちょっと変わった仕事で思い出すのが犬のフン拾い。夜が白む未明、野犬は必ず決まった場所に脱糞する。1、2分もするとフンはカチンカチンに凍結する。これを草取り鎌でコーンと叩くとフンは1メートルほど飛びます。それを袋に入れて持ち帰り、リンゴや桃、ブドウの樹の肥料にするために蓄える。2月ごろに堆肥と共にフンを樹木に与えると立派な実がなるという。犬のフン拾いは5人の日課だった。朝早くさえ起きれば誰でもできる作業でしたからね。後日の脱出行の打ち合わせや互いの健康を確かめ合う絶好の機会にもなっていました。

帰国行まで面倒見てくれた村人たち

武藤　決して楽とは言えなかったけれど常に温かい雰囲気を感じていた島内里の生活でしたが、やはり日本へ帰りたい。春が近づくと私たちもそわそわし始めた。島内里の裏山を超えると川内里という町があり、ここに小野田セメントの工場があった。残っていた日本人技術者による日本人会がつくられているという。金氏は私たちの帰国願望を考え、川内里日本人会を訪れ、情報をさぐってくれました。この日本人会が近いうちに越境し、帰国する準備を進めていると知り、会の代表者と話し合い私たちも加われるよう取り計らってくれたのです。

――まだ金日成が建国を宣言する前ですが、当時の激動下に置かれた朝鮮の普通の人々の心根の優しさに驚きます。

武藤　金氏の母は越境の話を聞いても「まだ寒い。日本は沖縄や広島、長崎、東京、大阪など焦土だというではないか。無理して死んだらどうする」と引き止めてくれた。

数日後には息子の金完氏が「川内里日本人会と話をつけてきた」と言いました。越境同行のＯＫは出たが、私たちが１人15キロの荷物を国境線の38度線を越えるまで担ぐのが条件だった。担いでもらった家族がその代金として越境者の分担金を負担する。越境するには監視のソ連兵に現金を渡して見逃させることをはじめ、様々に金のかかる事態が予想され、参加者は分担して負担する必要があったのですが、私らには現金がない。それがネックになったはずですが、金氏の交渉で何とか同行できることになりました。

母は「大丈夫か」とまだ心配してくれたが、金氏は「日本人会には若い人が少ないからこの方法が最も良い。早く南に行き帰国するのが一番いい道だ」と母を説得した。

しかし2週間以上かかるという脱出行で食料をどうするかが問題です。コメはくれると言うのですが、炊事できるかどうかわからない。そこで母が「炒った大豆を持って行け。塩と水があればこれで2週間程度は生きられる。最初は下痢するかもしれないが、慣れれば平気になる。栄養も十分ある。これにしよう」と1人で決めた。

それから毎日、炒り大豆を食べる練習をしました。5月1日の出発が決まり前の日には、島内里の人々が送別の宴を開いてくれました。私たちは村人の5か月間の恩情に感謝の言葉を述べ、金氏は脱出の成功を祈ってくれました。母の涙ながらの別れの言葉に私たちも泣きながら、いつの日かきっとお礼に伺うと約束して堅く手を握りあいました。翌朝、担ぎ袋と1人当たり5升の炒り大豆を手渡され、村人総出の見送りの中、「駄目な時はまたここに帰ってこい」と言う母の声を聞きながら、島内里を出発したのです。

注 北朝鮮＝朝鮮民主主義人民共和国の建国は1948年9月9日だが、日本がポツダム宣言を受諾し米、英等連合軍に降伏するため戦闘停止を表明した1945年8月15日以降、ソ連軍は朝鮮半島の38度線以北全域を占領した。その後、統一朝鮮の実現を目指したが、米ソの主張は対立し38度線以南で大韓民国、続いてその北側に北朝鮮が生まれた。武藤の脱出行では、北朝鮮という言葉をはじめから使用しているが、その後、朝鮮半島でソ連占領地域が北朝鮮となったので実質的な意味は変わらないため武藤の用いている通りに記した。

ついに38度線越え

――38度線をどう越えたのですか？

武藤 これはもう歩いて越えるしかない。その間には悲劇もありました。川内里日本人会と一緒に高原駅に着くとどこからともなく日本人避難民が集まってきて60～70人はいたと思うんですが南下する列車に乗り込んだ。列車内は無言です。ソ連兵や保安隊が乗り込んでくるのですが、形式的な点検でした。おそらく事前に日本人会が手を打っていたと推測していま す。無事に着いた終点の襄陽からは歩きです。

38度線越えの第一歩。山道に入る前、日本人会代表から一通りの注意があった。握りめしや乾パンは分散して持つ、現金や貴重品は荷物の奥底にしまう、検問には一切抵抗しない、奪われたものについてはあきらめること、などの指示でした。

途中、集落を何度か通過したが、そのたびに検問があり、終わると集落の人（と思う）によって山道を案内され、集落から集落へと引き継がれました。炒り大豆をかじり、山中で休憩し、眠りました。やがて「これからは自力で山を越えるよう」指示が出ました。家族、友人がバラバラになるのを防ぐため10人1組ほどで腰ひもを結びあったのを覚えています。夜の休みなしの脱出行は、赤ちゃんを抱えた母親には大変きつかったでしょう。疲れて泣く子の口を懸命にふさぎながら歩く母親の気持ちを今でも思います。急な坂道に差しかかり、赤ん坊を背にした母親がついに倒れました。立ち上がれない。「水を。この子を日本まで連れて帰って」と必死の形相で懇願する母親に手を差し伸べる者はいなかった。誰も振り向かない。自分の命を守るのに精いっぱい。それが私を含め日本人避難民の真実の姿だった。結んだひももいつかほどけていました。

この山中行の間にもソ連兵が時折現れ金品を強要した。こういう際の嫌悪感、絶望感が何としても38度線の南へという気持ちを強くしました。この気持ちは避難民でなければわからないでしょう。

さらに10キロほど歩きました。するとサングラスの外国人兵が現れた。「またソ連兵か」と緊張する私たちに、この兵士が手招きした。アメリカ兵でした。その時、私たちには米兵とソ連兵の区別がなかなかわからず、右往左往したのを覚えています。地図では1本の細い線ですが、当時38度線の幅は1キロあり、さらに南北それぞれ1キロずつの非武装地帯があるとは後で知ったことです。

やっと南へ着いたと確認したとき一行は万歳の声を上げました。手さぐりの情報だけで南へ行けば何とかなるという思いの脱出行でした。米兵に「注文津収容所」に連れて行かれ、DDTで消毒された後、熱い味噌汁とおかゆを食べゆっくり眠りました。1週間待って日本の仙崎港へ向かいました。船内で赤痢が発生し、上陸を前に2日間待機しましたが、船から眺めているだけで安堵感にひたれる風景です。これが祖国というものかと実感した日々でしたが、私たちを温かく支援してくれた北朝鮮の高原郡島内里の人々への感謝の気持ちを忘れてはならないと改めて思いました。

拒否された島内里再訪問

――その後お礼の機会はありましたか？

武藤　スト権ストの年、それもストが近くなった1975年秋のことでしたが、国際労働者交流事業の一環で「国鉄労働組合訪朝団」が組織され、私が団長で北朝鮮を訪ねました。私が強く希望したのです。北朝鮮の人々の暮らしを労働者交流の機会にこの目で確かめたい気持ちが強かったが、それ以上にあの金氏の母や村の人々に会えるのではないかという期待がありました。感謝の気持ちを述べたかったのです。

今もそうですが北朝鮮とは国交がありませんから、北京経由で平壌に入りました。在日朝鮮人総連合会（朝鮮総連）を通じ、「ぜひ島内里に立ち寄りお礼の言葉を述べたい」と出発前に連絡しておいたのですが、北朝鮮の職業総同盟が平壌でくれた返答はあっけないものでした。「朝鮮総連から連絡があり、調べたが島内里は朝鮮戦争*の主戦場になったため、村の形も変わり、村民や集落の人々も全員死亡か行方不明。（訪朝団の）日程も短いので現地に行くのは困難」という回答内容です。

私はこの機会を逃せばお礼を言う機会はもうないだろうと考え「訪朝団を離れ単独でも島内里に行き、亡くなられた関係者がいれば花の1本でも供えさせてほしい」と懇願しましたが、「調査する」と言うだけで、決して連れて行こうとは言いませんでした。その理由はわからない。とにかく私は千載一遇の機会を逸したわけです。セイコー自動巻き腕時計を幾つか土産に持ち込んでいましたが、それをホテルの横を流れる大同江に投げ捨てました。二度と来ないであろう機会を逃した思いを大同江に沈めたわけです。

その後、1999年に村山富市・元首相を団長とする超党派の「日朝議員連盟訪朝団」が出かけましたが、その際にも訪朝団に金氏一族の消息調査を依頼した。しかし、北朝鮮からは何の回答もありませんでした。

*朝鮮戦争　1950年6月25日、北朝鮮軍が朝鮮半島の武力統一を目指し、韓国へ38度線を破って侵入。破竹の勢いで一時は、韓国軍と米軍中心の国連軍を朝鮮半島南端に近い釜山周辺地域に追い詰めた。この戦況を逆転しようとマッカーサー国連軍最高司令官（GHQ最高司令官）はソウルに近い仁川逆上陸作戦を決行。韓国に侵入していた北朝鮮軍を南北から挟む格好で攻撃し形勢は逆転。撤退する北朝鮮軍を追い韓国軍、国連軍は北朝鮮に攻め込んだ。中朝国境付近まで前進したところで中国軍が義勇軍の呼称で鴨緑江を渡り参戦。中国軍の人海戦術で韓国・国連軍は押し返され、ソウルは一時再占拠されたが、38度線付近までまた押し返した。戦線は膠着状態が続いたが、53年ようやく休戦協定が結ばれ、戦闘はストップした。

この間、マッカーサー元帥は、中国領土への戦術核兵器による空爆を主張したとされ、その結果、軍人による越権行為だとトルーマン大統領によって解任された。後任にはリッジウエー中将（後に大将）が就いた。朝鮮国土は南北共に甚大な被害を被ったが、どちらが先に侵攻したかが戦後も論争になった。ソ連の崩壊と共にソ連政府が保管する関連文書が一時期公開される状況もあって、1990年代初期には北朝鮮が先に攻め込んだとする説が通説（最も主流の説）になった。

また、この戦争はあくまで休戦状態であるので、最終的な終戦協定を南北間（あるいは南北と共に主要交戦国間）で成立させる。それを米朝非核化交渉の過程で実現し北朝鮮の体制保障の柱にしたいのが金正恩政権の狙いとみる指摘が多い。

北朝鮮残留孤児問題は存在する

武藤　私は戦後処理のうち残された重大問題の一つに北朝鮮残留孤児の問題があると考えている。敗戦の1年前、１９４４年当時で朝鮮半島の日本人在住者は72万人と言われています。そのうちの25万人が北朝鮮に住んでいたという。さらに敗戦の混乱時には中国東北部（旧満州）から相当数の日本人が北朝鮮に流れ込んだのではないですか？　そうすると敗戦時に北朝鮮にいた日本人市民は30万人程度に達したのではないか。私の体験から考えてもそのうち北朝鮮に取り残された子供が数百人か、あるいは数千人いたと思う。

中国であれだけ多くの残留孤児を生んだのですから、北朝鮮に全くいないはずはない。収容所でもいつの間にか姿を消した子供や朝鮮人に預けられた子供がいましたよ。あるいは敗戦時に取り残されて北朝鮮で結婚した女性ら、中国東北部と変わらない環境と条件が北朝鮮にもあったのですから。北朝鮮残留孤児問題の解決を提起する中で、今も帰ってこない拉致された日本人の問題解決を図るのも一つのやり方ではないかと考えもしています。

――帰国後は、すんなり国鉄に入れたのですか？

武藤　いったん故郷の大分県（玖珠町）に戻りました。1946年の7月です。地元でコメやイモを買い付け都市部で売る。当時で言う闇屋です。北九州一帯を縄張りにする闇屋仲間に加わりました。小倉駅周辺が私の商売のホームグラウンド。しかし、闇屋には摘発もあるし、仲間同士のいざこざもある。生死を賭けて帰って来たのだし、このままでは終わりたくないという気持ちがとても強くなる。小倉駅の田守三郎と言う貨物掛と知り合ったのが国鉄に就職できたきっかけです。

彼は任侠の世界にも首を突っ込んでいたようで、身体に刀傷がたくさんあった。私から朝鮮時代の仕事や、脱出行の話を聞いて小倉保線区員の仕事を世話してくれました。国鉄に正式に就職したのはこの年の11月14日。ちょうど1年前に北朝鮮で河を渡り、金完氏と出会った日でした。

当時は石炭が主要なエネルギー源ですから、採掘と輸送は最も重要でした。この輸送の下支えをするのが保線区員。「線路工夫が人間ならば、蝶々、トンボは鳥のうち」などとからかわれていましたが、保線の仕事は見た目よりずっと厳しい。

翌47年2月、門司鉄道管理局で「電信掛」の採用試験があって合格しました。線路工手

（傭人）から電信掛（雇員）になると菜っ葉服からサージ服に変わり、最初の任地が門司鉄道管理局小倉管理部小倉電務区。戦後の国鉄は外地から引き揚げて来た人たちの受け皿になっていました。その結果、60万人の職員を抱える大所帯になっていた。

49年には「定員法*」によって首切りの嵐が吹き荒れました。私はパージの対象にはなりませんでしたが、日本の労働運動は「愛国労働運動」と呼ばれたように思います。「愛国で青春を潰し、国を潰し、また愛国はないだろう」、ぐらいに思っていた私ですが、国労の組合員になっていたんですね。（入社後一定期間を経れば自動的に組合員になるユニオンショップ制）。

国労も定員法後は運動の魅力を失い、役員に手を挙げる人も出ず、輪番制で組合役員に就くという具合でした。私も輪番制で国労の小倉分会教育宣伝部長に指名されてしまった。その後、1954年になりますか、三割賜暇闘争と言うのがあった。指定された職場の3割の組合員が一斉に（有給）休暇を取る闘争です。そのころはまだ部内で賜暇といっていました。休暇を賜る。そんな事大主義、封建の言葉が平気で残っていた。分会役員ですから私も当然参加し、小倉駅屋上に座り込んだ。そこで頭をガンと殴られたような衝撃をを受けるスピーチに遭遇しました。

＊定員法　行政機関職員定員法。49年5月公布。国鉄では公共企業体移行（公社化）に伴い、同法に基づき60万人を超える国鉄職員を二次にわたって10万人解雇することにし、49年7月4日第一次人員整理37、000人を発令した。第二次は同月13日。一次発令の翌7月5日、下山宏・国鉄初代総裁が東京・日本橋の三越デパート前に公用車を待たせたまま行方不明になり、6日朝には、国鉄・常磐線で轢死体で見つかった。自殺説の捜査一課、他殺説の同二課と警視庁の捜査も両論並立したが、事件は未解決のまま迷宮入りとなった。

毅然とした演説に感銘

武藤　公労法ではストライキ権をはく奪する代わりに、公労委が出す（賃金問題の）仲裁裁定は尊重すると決めてあるのに、政府・国鉄当局は賃金凍結を通告しました。スト権の代償である仲裁裁定を無視するこの態度に、当時の国労門司地本の書記長、寺崎孝之は座り込んだ組合員に「定員法で多くの人の首を切り、国鉄を公社制度に変え、スト権を奪った代わりに仲裁裁定制度で賃金と労働条件を保証すると約束した。しかし、この仲裁裁定を何の理由もなく凍結するという政府、国鉄当局の理不尽な態度は許せない。スト権を返せ」と演説した。

寺崎は電信出身で久留米駅の予備助役でした。助役を目前にし、いずれは駅長コースも間違いなく開けている彼のような人物が、毅然としてこれだけの演説をする。末端の分会役員とはいえ、何となく組合運動にかかわっていた私には衝撃だった。

私は29歳で結婚しました。妻はある駅の駅長の娘でした。そのころは組合では小倉分会書記長でしたが、仕事は東小倉駅予備駅務掛。出札、改札、配車、貨物手配など何でもこなす必要があった。この職を経て助役に上る人が多かったし駅長の娘と結婚したので、周囲からも助役になろうとするだろうと見られました。田舎の両親、妻の両親からも組合運動から足を洗い、助役試験を受けるよう勧められていました。

義父の駅は北九州地方の石炭の出荷駅でした。戦後の復興期ですから、石炭は「黒いダイヤ」と呼ばれ石炭増産は経済再建の大きな柱でした。だから炭鉱労働者の賃金は高く、食料不足の時代でも「特別配給」で守られていた。坑内では落盤、爆発などの危険と隣り合わせです。労働者は活気というより殺気立った人も多かった。この荒い気性を「川筋気質」と呼びましたが、北九州地域は刃物を振り回す喧嘩の耐えない所でもありました。石炭を貨物列車に積み込む荷役作業は港などの作業と同じく暴力団まがいの連中が一手に引き受けていましたから、彼らを相手にする貨物掛や配車掛も気性の荒い人でなければなかなか務まらない。石炭輸送に必要なのは朝一番に良い貨車をまわしてもらい、それを早い列車に連結して目的駅へ送ることです。現在の鮮魚や野菜と同様です。

良い貨車とは20トン積みで無蓋車のトキ、次が15トン積みのトラとトム。早い列車とは目的地に短時間で着き、到着駅で朝から効率的に荷役作業のできる列車に連結できることを意味しています。ですから管理局の配車指令から割り当てられる貨車の中で、最高の貨車を確保し、足の速い列車に連結することが、駅の担当者の手腕と言われていたのです。

義父の死を殉職扱いに

58年9月、私等が結婚1周年目を迎えていた時期でしたが、「義父が倒れた」と連絡がありました。彼は倒れてから3日間、一言も発さず逝ってしまった。52歳。脳出血だった。倒れる直前に勤務を終え社宅でくつろいでいた義父に「駅で貨車の配給を巡って揉めている。険悪な情勢だ。すぐ来てほしい」と電話があって、義父は駆けつけた。現場では配車掛と積み込み業者がすさまじい剣幕で怒鳴りあっていた。貨車の割り当てを巡る争いです。何とか部屋に呼んで双方の調整をして収めようとしていた義父の机に積み込み業者の若者が、「なめるな」の怒声と共にドスを突き立てました。人が良い分、気は弱かったのでしょうか。義父はその場で卒倒したという。

妻も子供も残しての死です。鉄道業務遂行中の死です。当然殉職扱いになると考えていた。

ところが門司管理局は「帰宅している時間帯であること」「平常、血圧が高く、健康診断で注意されていた」などを理由に「私傷病」としました。義父は管理職には違いないので組合員ではありません。遺族の怒りを組合で取り上げるわけにもいかない。私は門司局に直訴した。初めは嘆願調の訴えも後半は怒りとなり口調も猛々しくなる。58年の暮れ、門鉄局人事課賞罰係長に激しく抗議していた。ビル3階の人事、労働、文書課の部屋に鳴り響く声でした。

――効果はありましたか？

武藤　ええ、年末休暇で自宅のある門司に帰ってきた国労本部委員長の小柳勇が門鉄局へ年末の挨拶に来たのです。彼は大声で喚いていた私に気付き、「あれは誰か？なんであんなに喚いているのか？」と職員に聞き、私を呼んだ。事情を知ると「特別上申扱いにして本社に私が話してみるから、ここは私に預けてくれ」と門鉄局に申し入れ、私も小柳に一縷《いちる》の望みを託しました。過去に小柳は国鉄を解雇され、当局が「解雇された委員長は団体交渉の相手ではない」と通告した結果、抜き打ちストに発展したことがある。その当事者とは知っていたが話すのは初めてでした。

年が明けて、59年の1月中旬、小柳から私の勤務する東小倉駅に直接電話があって「すぐ上京しろ」と言う。夜行列車に飛び乗りましたよ。国鉄本社で厚生局長から「小柳からの依頼もあって、内容を慎重に検討したが、特別審議の扱いで君の義父を公傷扱いとする」と伝えられた。その場で「規則上はできないことだが門鉄局も特別審議の対象として上申してきている。だからこれ以上門鉄局と対立して非難しないように」と諭された。私は小柳と厚生局長に深く礼を言い、門鉄局にも非礼を詫びました。

分会書記長のような組合の末端役員からみれば「雲上の人」に見えた本部委員長が、非組合員である義父の死を大事に取り扱ってくれたのには驚きました。組合に身を置くということは考えているより奥の深いところがあると思えた。「助役や駅長の道で出世するより、力のある所、例えば組合で生きるのも道ではないか」と考えさせられたわけです。

翌60年は、安保闘争と三井三池炭鉱闘争の年です。安保闘争には組合の末端役員としてデモなどに参加はしましたが、「アメリカ帝国主義」だの「国家独占資本」などという言葉が飛び交う中で、当時の私の知識ではなかなか理解しにくいことも多かった。

理論の勉強が大事

やはり理論を勉強しないとなあ、と感じていました。福岡県に労働者の学習を指導していた「九州産業労働科学研究所」があった。ここの学習会は最後に「アメリカ帝国主義と日本資本主義という二つの敵を打倒するのが革命であり、指導するのは日本共産党である。共産党こそ唯一の革新政党であり、社会党や今の労働組合指導部は改良主義者、日和見主義者の集団に過ぎない」と決めつけて終わった。もっと労働者の本質を掘り下げて教えてくれる講師はいないものかとさがしたところ「社会主義協会」に行き当たりました。

そこでは様々な事象に対して「なぜか」と疑問を持って立ち向かう姿勢、態度、思考が大切であり、労働することの必然性、変革への思想を鍛え、平和革命の道を開く道筋が論じられ、講義された。

社会主義協会の中心人物は九州大経済学部の高橋正雄、向坂逸郎、法学部の貝島兼三郎で、講師たちには奥田八十二（九大教授から福岡県知事）、島崎譲（同、社会党衆院議員）、川口武彦（元同協会代表）らがいて、皆九大ですね。その下には九大以外にその後、法政や新潟大の教授になるもう少し若い講師陣がいて、こういう錚々たるメンバーが労働者と一緒になって学習会を始めていました。向坂らは炭労三池の学習会を指導し、「「社会主義協会」は「九産労」に対抗する一大理論学習集団に成長して行きました。

社会主義協会で学ぶ

ここで学ぶ間に、私が組合でしゃべる言葉も一つ一つ意味があると自分で思えるようになった。「労働者が主人公となる社会の実現なくして労働者が解放されることはない」。そしてすべての原点は「団結」だと肝に銘じられるようになりました。そうは信じてもこの学習と自分の運動をどう結び付けたらよいか。壮大な理論だけで、大衆組織（注 ここで武藤が言う大衆組織とは多数の労働者を擁する組織、を指すだけでなく、組合員個々の思想信条が違っても、労働条件の防衛、向上を第1の目的とする労働運動組織であるのが組合、という意味と思われる）が結集し、労働者は団結できるのか、社会主義体制へ移行の道筋は、今の国家体制に労働者はどんな形で立ち向かうのか、だれが指導するのか……現実に起きている職場の合理化、人減らしにどう対抗するのか理論だけで現実を変えられるのか等々、理論と現実の狭間で立ち往生することが増えてきました。

そんな時に学習会に加わる労働者から協会の学習、指導には「実践論が不足している」と指摘されはじめた。「現実の中にこれまでの理論では理解できない事態が起きている」という声です。そこでただいま闘争中の三井三池炭鉱に学ぼうと講師や助手の若い学者と共に社会主義協会の旗を立てて闘争の現場に入りました。

――大規模な人員整理（指名解雇）に端を発し、1年近く続いた三井三池炭鉱闘争は総資本対総労働の闘いと形容されました。一方、60年安保闘争は全国で大デモが繰り返し実行されましたが、核心は東京、さらに言えば国会周辺を中心とする大デモを繰り返す大衆対政権の最大の政治闘争でした。しかし三井三池闘争は大手企業の炭鉱とはいえ、いわば九州の一角で局地的に闘われました。スト権ストのように全国の国鉄がストップし、闘争に直接関係のない市民、通勤通学客にまで影響する事態とは違います。三井三池に関係のない他地域の市民には直接には影響がありません。それにもかかわらず日本を揺るがす労働争議になりました。

先鋭化する三井三池闘争に参加

武藤　石炭から石油へ、いよいよ日本がエネルギー転換の時代に入ることを国民が予感し、それがどんな社会の到来を生むのか意識しないうちにも身構えた点があるでしょうね。

それにしても三井三池ではこれまでの理論や実践にはないたくさんの事態にぶつかった。確かに総資本対総労働の対決と言われたが、総資本の力は圧倒的に強かった。労働側は団結できない。総力結集を訴えても総評系と同盟系の対立は解消せず、（同盟系の）第二組合の力が時間とともに増してくる現実にぶつかる。資本、権力と癒着度合いを強める第二組合と、闘争を起こした第一組合は対立を先鋭化させます。

資本の側からは暴力団を用いるケースも出てくる。私も一緒に座り込んでいた四山抗の正門前でピケ（注　ピケットライン。スト中に就労させないように労働者が工場入口などを人垣でふさぐ行為）を張る労働者に対し、乗り込んできた暴力団が労働者を刺殺する事件が白昼に起きた。国労の応援部隊は四山支部に派遣されていたのですが、海岸線の警備を主な任務としていました。ある日、海から炭坑内に侵入しようとしたスト破りの第二組合員の労働者たちを発見し、警告の花火を打ち上げた。双方必死の攻防となり、「三池海戦」と呼ばれたりした。花火の水平撃ちもあったと思う。私も労働組合の分裂とはこういうものかと、悔しさを噛みしめながらこの海岸線ピケ死守の闘いに参加していました。

労使の力関係が変わると会社と第二組合によるスト破りが公然化し、対立はますます先鋭化するのです。権力を相手にした闘いの収拾は困難を極めます。敗れる側の撤退の仕方が難しい。普通の労働争議は労働委員会の和解勧告、あるいは仲裁裁定、労使双方の妥協などで解決するのが一般的ですが、政治権力がバックに壁として控えている巨大資本とぶつかる三井三池のような大闘争では団結力の破壊をもたらしがちです。一方的な事態収拾なんですから、労働側が敗れれば解雇、失業の悲劇が増える。

三井三池の闘いはこのように労働者に苦しみを味合わせる結果になりましたが、労働者をバックアップする政治に少しの力がまだあった。党内対立が激しくとも社会党に一定の力があったし、炭労指導部、総評指導部に結束があった。収拾の過程で「炭鉱離職者雇用促進法」の制定が急がれ、一定の労働者救済策ができました。

これに比べると国鉄分割・民営化反対闘争では最後まで闘った労働者には（継続雇用拒否という）過酷な道しか残されなかった。この経験からわかるのは労働組合が大きな闘争を組んだ場合、容易に解決は困難と判断できれば一定の妥協をしても労働者にとって最低限の保証を獲得し、ひとまず退く判断と、その実行の重要性です。

協会分裂は九大法学部と経済学部の対立？

――その後、社会主義協会はどんな風に進んだと理解していますか。

武藤　最大のナショナルセンターだった総評の大田議長、岩井事務局長にしても、それぞれ社会主義協会に入っていた。それどころか協会には大田派が生まれた。協会は穏健、漸進路線を主張する高橋正雄九大教授らのグループを排除し、向坂教授ら左派の指導で運営され始めていました。

三池闘争敗北後は「理論だけでは現実と直面している労働者の支持は得られない」とするグループと「労働組合を協会が理論を主体に指導する」としたグループの対立が目立つようになりました。

前者が太田派で後者が向坂派です。あげくの果てに協会は分裂しました。分裂回避を求めていた私は、これをきっかけに協会を離脱したのです。この年（60年）に私は門司地本の教宣部長になり、委員長や書記長と共に、どちらにもつかないと約束をしていました。世間では「実践か」、「理論か」と言われましたが、私にはこの分裂は九大法学部と経済学部の対立から起きたように見えます。協会の設立に大きく影響した法学部のボス、貝島兼三郎と、経済学部のボス、向坂逸郎は常に協会の指導、運営を巡って対立した。2人を師や兄と仰ぐ学者や労組指導者がその対立を深めて行った。太田派を中心にする学者や労組指導者は九州を中心にしました。向坂派は東京、東北に拠点を移しました。

発祥の地、九州から出て行かざるを得ないような状態に見えた向坂派でしたが、その後、勢力を伸ばし、社会党内に深く食い込もうとしました。党中央に「理論集団に徹しない限り、向坂派社会主義協会と縁を切る」とまで言われて、一応社会党の要求に応える姿勢を示しましたが、方針変更は表向きだけだった。労組指導層を握れば社会党に対する指導理念を貫けると考え、彼らに対し働きかけを強めた。

その傾向が強く表れたのが、国労に対してだったでしょう。関東、東北、北海道で、向坂派系の活動家が多く生まれた。それに九州の一部に残った向坂派もいます。労働組合が大衆組織であることを熟知せず、頭でっかちに原理原則を振り回す活動家たちであり、これが理論のみの指導者を生んだ原因にもなりました。向坂派協会の組織指導に危険を感じていた指導者は公労協内にも沢山いて、後に全電通や全逓は彼らを排除、追放した。

当時国労本部にいた私は彼らの徹底排除は「少しやりすぎではないか」という程度にしか見ていなかった。九州で、真に理論を知る指導者こそ現実直視の指導ができる、と教えられていた影響が私の中で残っていたからですね。国鉄分割・民営化にどう対処、対抗するかのギリギリの段階において彼らのとった行動を見れば私の考え方は安易だった、それが国労を今日の事態に置いたのではないかと反省するばかりです。

——武藤さんは国労運動の地方幹部の道を進み、門司地本の業務部長を最後に1969年には国労本部中央執行委員に就きますね。

武藤　本部に上がってきたときとその後、トミさんと盟友になったときの事情は先に話しましたが、国鉄を解雇されたのは1971年の7月7日です。解雇された日の新聞には「春闘合理化反対闘争で国鉄大量処分、責任者　国労本部中央執行委員・武藤久以下解雇者53人、停職、減給、戒告者2万5150人」と大見出しで、私の顔写真が掲載されていた。解雇理由は公労法8条違反。「違法な争議行為を教唆、扇動し、これを指導した」でした。まさに大量処分です。

自宅から電話があって、小学校3年の長男が学校から泣いて帰ってきたという。そして友達が「お前のお父さんが首を切られた」と言っている。長男は「お父さんは首のどこを切られたのか」と聞く。うまく説明できないからとりあえず戻ってきて理解できるよう説明してやってほしいという妻の電話です。不当解雇と思っていても小学校3年生の子供にわかるようにはなかなか説明できない。息子は事情が呑み込めず泣いている。そこへ担任の先生が駆けつけてくれました。息子が帰ったので来てくれたのです。先生は「いまから私がわかるようにじっくり説明します」と言う。この先生の行動はつくづくありがたかったですよ。

（武藤も富塚と同様、インタビュー時点で80歳代半ばを過ぎた高齢であり、前述したようにこの人生編では私家版の自伝に基づき質問した。また、自伝記述部分を応答形式に再構成した部分がある）。

第5章　ポスト・スト権スト

なすすべもなし分割・民営化への流れ

――スト権スト後の政治の流れは鈴木（善幸）内閣で行政管理庁長官を務めた中曽根康弘（後に首相）が打ち出した第二臨調*（第二次臨時行政調査会。土光敏夫会長）路線とでも言える潮流になりました。これに対抗する方策は出ずじまいでした。

富塚　スト権スト後に官公労（官庁や公社の組合）の力で臨調路線を覆すことなどできませんでした。官公労イコール社会党の路線も後退、選挙ではその集票力で、自民党に大きな影響力を持っていた国鉄官僚がバラバラにされ力を失った。なすすべも見つけられなかった。

――富塚さんはスト権ストの翌76年には総評事務局長に就いた。当時の労働界最大のナショナルセンターを常勤最高指導者として切りまわすポストに就いたわけです。ポスト岩井の国労が生んだ労働界のスーパースターとまで称された。そうして83年に衆院選挙に立候補するまで事務局長を3期務めた。第二臨調はその間の81年にスタートした。第三部会までだった第二臨調は新たに四部を加えた。焦点は国鉄改革問題を取り上げる第四部会（加藤寛・部会長）に向かいました。分割・民営化です。すでに中曽根行政改革の目玉です。総評としても国労としても何か対抗策、対応策を打ち出したのですか？

富塚　どうせ結論は出せまいと甘く見ていたのは事実です。当時力のあった国鉄官僚や労働官僚はおおむねそのような見方でした。もちろん、自民党の実力者たちがどう考えて、どう動くのかが最大の注意点でしたが……。赤字解消は企業内合理化を進めるにしても運賃値上げ中心で進むと考えていた。ローカル線廃止に反対する各地域の与、野党議員の動きを見ていると、そう簡単に結論は出せまいと分析していました。

＊　鈴木内閣の行政管理庁長官に就任した中曽根康弘は赤字国債の償還部分が増える財政硬直化を避けることや事業予算の膨張を防ぐことを目的に第二次臨時行政調査会を１９８１年、発足させた。会長には清廉な経済人として評価の高かった土光俊夫・経団連会長が就き、いわゆる有識者を集めて各行政組織の問題点、方向性を審議したが、次第に膨大な赤字を抱える国鉄問題の解決が最大の焦点になっていった。

浸透しなかった民主的規制

国鉄問題を審議する臨調第四部会の部会長、加藤寛は国鉄改革の中心とは労使問題の処理を意味するという考え方に立っていた。その上で国鉄の分割民営化を目指した。加藤は臨調の当事者だったが、公然と「国鉄解体すべし」を月刊『現代』誌（廃刊）に発表し、同部会参与であったジャーナリスト、屋山太郎も月刊『文藝春秋』誌に「国鉄労使国賊論」を82年の各4月号に発表していた。

マル生闘争後に「勝った、勝った」と噴き上がった国鉄労働者の「高調子」は「勝って兜の緒を締めよ」というわけにはいかなかった。国労中央の提示する民主的規制は組合内に容易に浸透しなかった。現場管理者と労働者は多くの問題を現場で労使が協議し、決めることになった。現場協議制度である。この制度は68年から存在したが、実際には最前線の管理職である現場長の指示が、働く現場の拠りどころであるのに変わりはなかった。それがもはや現場管理者が指示すればそれで現場の仕事ができるわけではなくなった。そういう空気の中で現場労働者の要求が実現して行く。やがてそれらは国鉄の勤務実態はだらけている、と映るように変わった。

例えば勤務時間内の入浴。これは保線区員が仕事中に列車からまき散らされる糞尿の飛沫を浴びる場合があって、不衛生、臭気のこびりついた身体で帰宅するわけにはいかないから、入浴して帰る。その権利である。入浴は本人にとっても周囲の人々にとっても必須事項であり、勤務時間内でも構わないということが現場協議によって決まった。1970年代後半から80年代に入っても国鉄の中、長距離列車の一部には乗客たちの排泄物を現在のようにタンクにためるのではなく、大気中にまき散らし走る列車があった。しかし、現場協議制自体を批判・攻撃する側からは典型的な国鉄労使のタルミに映った。と言うより国鉄労使攻撃の好材料に映った。

勤務態度攻撃への対策、後手に

——この種の批判に対して、どう応えたのですか？

富塚　何もめちゃくちゃにやっていたのではありませんからこの種の批判、攻撃には十分答えることができる。入浴問題一つとっても、糞尿を浴びる職場以外にも汚れる職場はたくさんある。汚れる職場に限っては勤務時間中の入浴が認められてきたのだ。貨物の取り扱いでは、衣服が汚れるだけでなく、身体も汚れます。大井工場で車両を修理している労働者は大勢いました。2500人ほどいたかな。田町電車区、品川電車区にも300人、500人と構内作業員がいた。

油で汚れる彼らが身体をきれいにし、着替えて帰るには一定の時間が必要だ。そんなに多数が一度に入れる風呂はない。勤務時間終了後、順次入浴するとして、相当な時間がかかります。1時間も、それ以上も待たなければならない人が沢山出てしまう。だから終業前に入浴することを使用者側も認めたのです。

休日が多い、という点も指摘されたが、これは国鉄の長い歴史の中でいろいろな行事日が生まれてきた事情と関係している。国鉄内の職員交流、スポーツ、文化活動については部内でも奨励されてきた。民間企業でも創立記念日などは休日になるでしょう。休日増は経営当局が認めたり、与えたりしてきた正式な休日です。はっきり制度化されていれば「ヤミ休日」呼ばわりされる理由はない。給料日、ボーナス日の早期帰宅制度にしても、盗難や紛失を防ぐため管理者側から「金をもらったら早く帰れ」と奨励してきた経緯がある。むろんこれはすべての職場にある慣行ではありません。管理者が必要と認めた職場だけです。

「労使の取り決めなら」

――ブラ勤（出勤してもロクに仕事をしない）、ポカ休（事前連絡も許可もなしに急に休む）も問題になった。現場協議制が批判の対象になりました。これらの批判は第二臨調第四部会の作業と、自民党・三塚小委員会の活動と共に膨らんで行きました。

富塚　いずれにしろ労使間で正式に決まっている事柄なら全く問題はない。現場協議制で決めるのがよくないと言われても、これはマル生よりかなり以前の1968年に公労委も加わって設けた制度ですよ。国鉄では労働者による人民管理が行われていると、自民党や民社党の幹部が現場協議制を攻撃した。だが、この制度は多様な国鉄の職場で、全国一率の労務管理は不適切として、もっと職場、仕事の実情に沿った管理が望まれて生まれたのです。当局と組合は中央、地方、地区で団体交渉を行う。しかし、職場ごとの細かい、具体的な事項を決める交渉はなかった。だから職場ごとに協議で労使一致した事項を内容に応じ、口頭確認、議事録作成、覚書交換、協定として締結と、4段階に分け実行事項とするのは、労働者の権利の表れです。何も非難されることではない。労働者の立場に立った提言にはきちんとした内容のものがあった。*

＊「国鉄における慣行・協定問題研究会の中間報告」には、低い水準の慣行・協定を基準において、《現場協議で認められた職場慣行》を不当だと主張することは、結局、労働組合がないか、不活発であることを理想形とみなして〈労働条件の〉それへの引き下げを要求する一つの主張であるに過ぎない」とした。この研究会は労働側が労働法学者らに委嘱した臨時組織)。

保守系マスコミを中心にした国鉄労使批判は激しさを増したが、やがてほとんどのマスコミがその批判に多かれ少なかれ乗ってきた。

82年1月23日付『朝日新聞』朝刊は国鉄のヤミ手当をスクープ報道で暴露した。升田書は、

このニュースの反響が実に大きかった。内容は東京機関区の機関車検査係が、走行中の運転検査のために添乗するべき東海道・山陽本線の夜行寝台特急列車（ブルートレイン）に乗務せず、十年以上にわたり、年間千数百万円のヤミ乗務手当を支給されていたというものである。臨調発足以来、国鉄現場のヤミ手当、ヤミ休暇などのいわゆるヤミの〝労使慣行〟がいくつも報道され、また国会でも国鉄の職場規律の乱れや悪慣行が取り上げられていた。

しかし、その中で、このブルトレ・ヤミ手当のニュースほど大きな反響を呼んだものはなかったと思う。（略）従来は国労寄りと見られていた『朝日新聞』までが、ついに国労、動労批判に踏み切ったとみられたからなのか、この報道をきっかけにマスメディアの国鉄糾弾キャンペーンが一気に燃え広がった。

（略）「カラスの鳴かない日はあっても、国鉄の悪口が報道されない日はない」といわれ

たマスコミのすさまじい国鉄攻撃が何ヵか月も続いた。

と記す。

マル生のリベンジ　マスコミ活用

――マル生闘争で自らが用いたマスコミを味方につける方法で国労は逆襲された。臨調第四部会が得た国、動労にとってのマイナス情報がマスコミに次々にリークされた。現場協議制が批判の対象になりました。これらの批判は臨調第四部会の作業と、三塚小委員会の活動と共に膨らんで行きました。

武藤　私は「これを職場あぶり出し戦術」と呼んでいるのですがね。臨調が当局などを通じて得た情報をもとに、目をつけた職場の実情をリークし、あたかもマスコミは国鉄労働者が悪事を働いているように描く。中曽根行政改革の対象に国鉄、教育、自治体のありようが挙げられていたので動労を含め4労組（国、動労、日教組、自治労）の共闘を不可欠と考えました。さらに行革対象はそれだけではないのだから、関係する組合に呼びかけ13単産共闘を提唱しました。しかし、中曽根が狙う行革の中心が国鉄に絞られてくるのが分かると他の組合は腰を引きはじめ13単産共闘は挫折です。

マスコミには「ヤミ、カラ、ポカ」などという言葉を大見出しにした組合攻撃報道が溢れた。「ヤミやカラ」は勝手にはできません。労使の合意事項だからできたのです。「ヤミやカラ」を認めた現場長は、「現場協議制度」で組合員に追い込まれたから、そうせざるを得なかったかのように弁解した。一部の職場でのことを数多くの職場で実施されているような印象を国民に持たれてしまった。マル生闘争で国労が用いたマスコミ活用を逆にやられてしまった。組合側にも反論できない事態もあった。自主規律のないポカ休などがそうです。

——この時は武藤さんが国労の委員長でしたね。政府側=臨調側の攻撃になすすべはなかったのですか？

武藤　組合支部の分会長クラスに多くの協会系（向坂派）活動家が現れた。彼らはスト権スト後、国鉄の職場に〝解放区〟が出現したように錯覚し、暴走を始めました。職場闘争至上主義です。国労内に生まれた（協会系の）反合理化研究会（反合研）が指導し、「生産点の敵は現場長だ。彼らは労働者ではない」と煽った。現場長の持つ権限以上の要求を突きつけ、要求を満たすことができない現場長を「資本の手先」と決めつけた。

協会派と手を結んだ

武藤　スト権ストの翌年（1976年）トミさんが総評事務局長に就き、私がトミさんから1人（谷合勝正）おいて後（1979年）の国労書記長になった。国労の書記長は公労協の代表幹事です。山岸は全電通の書記長を続けていて、同じ代表幹事ですから顔を合わせる機会が増えます。あるとき山岸は「おい、ムッちゃん。協会派の連中をいつまでのさばらせておくのだ。わしは今度、協会派の退治に入る。国労も放置すれば飼い犬に手を噛まれるぞ」と言いました。私は「国労の組合員の意見は多様だ。これは大切にしたい」と優等生的に答えた。

事実、民営化に入る直前に山岸はセクト排除を実現しました。しかし私にはできなかった。全電通にはすでに共産党はいなかった。国労には共産党系と協会派、それに私ども主流派の民同がいた。3分化されていたが、私は共産党系とは手を組まなかった。協会派と組んだのですが、それが獅子身中の虫になると忠告されたのです。全電通は協会系を徹底的に排除し、「分割は反対、民営化はOK」の方針をいち早く打ち出した。NTT東と西に大分割はされたが、それ以上の分割は阻止し、組合はNTT労組として現在も連合の有力単産で生き続けている。

もっとも、山岸には労働運動再編の主導権を取りたい思惑があっただろうし、田辺らの政界再編構想にも連動していたのではないかとみてもいます。同時に国労の現在の局面を生みだした原因の一端は「心情左派」の私にあるかもしれない、と思ってもいます。有効な反撃ができなかった。組織を統制する大切さをわかってはいたが……。

セクト排除しなかった国労

協会派が入りこむだけでなく新左翼会派も入りこんできた国労だったが、武藤は彼らの排除に踏み切らなかった。国労は統制力の弱い組織に変わって行った。労働組合は大衆組織であって、政党ではない。一つの綱領を立てて結集するのは政党であり、前述したように労組には思想心情にとらわれず誰でも加われるのが建前だ。「〇〇候補を応援しよう」、「〇〇党を支持する」と組織で決定することはできるが、この決定に反対だからといって労組加入を拒否はできない。それが大衆組織の意味である。組合は労働条件の維持、発展させるための組織であり、政党とは違う。武藤はこの建前を大事にしたのか、そこに囚われすぎていたのか。武藤が経てきた労働運動人生からみれば、やはり建前を重視したと考えてよいだろう。

さらに重大なのは「現場協議制」そのものが槍玉に挙げられているときに、富塚、武藤に通底する「労使の合意事項だから門題ない」とする労働運動家として身に染みこんだ発想であろう。入浴問題のように詳しく実情を説明すれば、国民に理解される可能性のある問題（この問題では闘争も展開したが）と、カラ出張のように説明すればするほど国民の反発を買う「労働者の権利」を区別する必要があったに違いない。公労協、つまり公に働く者の組合を名乗るのだから、切実な権利闘争や賃上げ闘争を除けば、一般組合員であっても普通の民間企業労組員以上に国民、市民に反感を持たれないビヘイビア（態度）が必要である。そしてどんなに弁明しても国民の理解を得られない種類の「現場協議制の成果」は、思い切って返上する撤退の勇気を持つ必要があっただろう。しかし、撤退に必要なのは、それでまとまれるだけの強固な規律を維持できる組織であることだ。国労はまとまれる組織ではなくなりつつあった。

傷を嘗めあう労使関係

武藤　私たち民同は柔軟に問題、課題に対処するのが持ち味です。大闘争では全力で闘いますが、妥協できる問題は大胆に妥協する。トミさんや私の考えの源泉です。ところがマル生に完勝して柔軟性を失っていった。柔軟性こそ真骨頂だったのですが……。

——柔軟性ということで言えば民同は銀座で酒ばかり飲んでいるという批判があった。それも経営側と一緒に。

武藤　経営者がちゃんとした者たちであれば、その種のことがあっても年に2，3回でしょうね。国鉄では（労使）互いに傷を嘗めあうんですから。当局は政府がけしからん、自民党の連中はけしからんと言い、われわれは共産党の連中はもう少し柔軟になれんのか、互いに言いつのってみたりねえ。

――銀座は憂さの捨て所ですか？

武藤　傷を嘗めあう労使関係がある限りは（事実上）潰れてしまう国労ではなかったとも思いますがね。分割・民営化後の労使関係では傷を嘗めあう必要はないでしょう。（労使が）国鉄時代のように公社制度という枠内にいるのとは違いますからね。

――結局、今から振り返ればマル生粉砕、スト権スト敗北、国鉄分割・民営化、国労解体、社会党解体、その後、民主党政権誕生のようにいくつかの紆余曲折があったものの自民党1強時代に入っているという結果です。国労はスト権ストではできる限りの政治工作を実行したのでしょうか。なぜ三木内閣の自民党で幹事長だった中曽根にアプローチをしなかったのですか？中曽根派を率いる派閥の領袖でもあったわけですが。

武藤　国鉄改革をやり遂げて中曽根は名実ともに総理になったのですよ。当時の中曽根評価は「田中なくして中曽根なし」だったのですから。後藤田（官房長官等）がいて、金丸（信・副総理、自民党幹事長等）がいて（2人とも田中派の大幹部で故人）の中曽根政権ですから。私らが中曽根を粗末にしたのではなく、田中を粗末にしたんですよ。スト権スト当時、国労は何で田中派工作に注力しなかったのかと言われれば、もちろん意識していた。何といっても国鉄総裁は田中健在時には、田中の意向で決まっていたのですから。

ただし、当局には川野がいた。川野の仲人は田中派の大番頭、二階堂だ。トミさんとしては田中派は川野を通じて工作できると考えていたと思う。

――富塚氏は田中工作を細井に任せすぎた嫌いがあったと話していた……。

武藤　周囲から田中との太いパイプを持つと見られ、本人もそのことを否定しなかったが、その後の経過からみるとスト権スト当時は両者のパイプはすでにつながっていなかったのではないか。田中のもとへ行ってくれるよう、トミさんが私を通じて依頼しても細井は動かなかった。

その後、私が細井と共に田中邸を訪ねた際、有名な秘書の早坂茂三と細井は初対面の名刺を交換した。私は少々面食らったんですね。後日、田中に面会した際には直接「あの時（スト権スト当時）細井は来なかったなあ」とも言われましたが。

私どもは中曽根派を全く無視したわけではないですよ。中曽根の懐刀とみられ、人格も高く評価されていた藤波（孝生。中曽根内閣で官房長官。故人）とは「一二三会《ひふみ》」という名称の定期的な会合を持っていた。労働界からは参院議員になる前の藁科（満治。中立労連議長、連合会長代理）。自民党の野田（毅）、公明党の矢野（純也）らもいた。マスコミからは朝日の政治部出身のテレビ朝日社長、三浦（甲子二）らがメンバーでした。中曽根内閣の官房長官が藤波から後藤田に代わったころから田中派の影響力が一段と大きくなった印象がある。

金丸は田中派の実力者だったが、中曽根がダブル選挙（86年7月6日投、開票）に打って出る前、イスタンブールで会ったことがある。という以上に金丸には国内で接触を図ってきた。訪ねる際はいつも味噌漬を手土産にしたので、さばけた夫人から「うちの亭主を高血圧で倒れさせる気？」と冗談を飛ばされるほどだった。

イスタンブールで金丸は、「なあに中曽根は今度の選挙で終わり」と言っていた。ところが中曽根は予想外の衆参ダブル選挙に打って出て、衆院で自民党の議席は304。社会党78、この自民党大勝が社会党解体、総評、国労解体に結び付いた。

長期裁判狙った損害賠償

――中曽根はスト権ストの損害賠償を、自民党幹事長として主張しましたね。

武藤　中曽根が言い出して、それまではなかったスト後の損害賠償が実際の問題になった。国労は当初、そんなに重く受け止めなかった。（自民党政府は）本気なのか？　世界でもほとんど例のないストライキに対する補償請求をするのか、と思いましたね。国鉄当局も（請求額は）30億円程度かと私どもに話していた。国労の弁護団に持ち帰ったら、弁護団は「100年裁判をやるつもりなら、こんな少ない請求額ではダメ。半年で終わってしまう」と言う。請求するのは国鉄当局であり、私らは請求される方ですがね。超長期裁判にするには200億程度の請求が必要だろうということになった。

まだ書記長だったトミさんへ持って行くと「なあにこんなの世界的に判例がないんだから、大した結果にはならない」と、軽くあしらった感じでした。トミさんにしてみれば（200億円は）職員局長になった川野の顔を立てた額。そうも言えるんじゃないですかね。200億ぴったりでは真実味のある額ではないと、202億円にしたんでしょう。弁護士も国労も総評もこの問題が国労を苦しめぬくとは考えていなかった。

自伝には次のように書く。

一九七六（昭和五一）年二月一四日、国鉄は、政府・自民党の強い圧力を受けて、東京地裁に、国労と動労に対する二〇二億円損害賠償請求の訴訟を提起した。（略）欧米ではすでに一九世紀半ばにはストなどの刑事免責は当たり前となり、二〇世紀初めにはストに対する使用者側からの損害賠償請求についてもねばり強い闘争を通じて民事免責をかちとっていた。（略）司法の反動化は、下級審にまでおよんでおり、この裁判の展開と帰すうは楽観を許さなかった。

――損害賠償問題は結局、（自社さ連立の村山政権の）亀井静香・運輸相時代に解決しました。

武藤　国労は（東京駅八重洲口南側の）一等地にあった国労会館から立ち退くことを取引条件としていたので、本部のあった会館を去った。これで当局は損害賠償請求を取り下げたが、最大の懸案だった1047人の復職・就職問題が残った。国鉄がJRに変わるときに経営側が雇用継続を拒否した組合員1047人の問題です。彼らは団結して闘争団を組織して頑張りましたが、先の（2009年成立）民主党政権下、大半が和解に応じ、解決したと言っていいでしょう。この間、国労は復職問題で集会を開催しバックアップしてきた。

私としては国労会館からの立ち退きと引き換えに損害賠償請求の取り下げだけでなく、

1047人復職問題も一緒に解決できたら最も良いと思っていました。既に国労を退いていましたがセットで解決するよう執行部に助言したこともあります。しかし、亀井はまだ機は熟していないと、取り上げず、損害賠償請求取り下げが実現しただけで引き下がった。国労会館地下にはわずか4坪か5坪ですが国有地があった。居住権を主張すれば長期裁判になるとみていました。もっとも（当時の）国労側に長期裁判をやりぬく力があったかと言えば、まあ無理だったでしょう。

――損害賠償問題では金銭和解に応じず、裁判闘争を続ける労働者もごくわずかですが存在します。中核派の勢力が強い千葉動労が彼らをバックアップしています。ただ、ほとんどは和解案を受入れ、おおむね解決したとは言えるでしょう。

武藤　亀井運輸相時代には「60人復職その他、年金引き継ぎ問題の解決、さらなる復職検討」をセットにした解決案も出ましたが、これは国労が蹴った。結局金銭和解になった。民同派のような柔軟路線は今の国労にはないですからね。1万人を切る組合になってしまったし。

総評へ白紙委任状

富塚　すでに僕が総評を去り、神奈川5区という難しい選挙区で、衆院選の当落を繰り返していた当時、「国労問題の処理は一切お任せします」、と書かれた念書のようなものを見たことがある。武藤の後の山崎（俊一）委員長が、総評副議長だった江田（虎臣）に提出したものだった。総評の国鉄再建闘争本部副本部長に就いていたとはいえ、全農林出身で国鉄の機能や国鉄労働者の実情を肌身ではわからない江田に、国労の委員長がなぜこんな白紙委任状を提出したのか理解に苦しんだ。

江田に白紙委任状を提出した山崎は武藤委員長の下で83年から書記長を務めた。武藤より3歳若かったが、本部入りは1969年で富塚、武藤と3人同時期だった。山崎は大阪地本から本部入りした。江田はすでに動労が容認していた貨物輸送安定宣言などを受け入れ経営側に協力する、あるいは経営側に反対しないとする国労の新たな立場を構築し、いわばニュー国労になったことを鮮明にするよう強く求めていた。そこには民営化容認も含まれていた。

しかし国労内は到底、江田の要求を満たせる実情にはなかった。困った山崎は白紙委任状を提出した。山崎は故人となったが、もし武藤が委員長を続投していたらどうだったか。どんな方策を取るにしても白紙委任状を託す事態は起きていなかったに違いない。むろん、この委任状を受け取ったからといって、江田が国労を思うように処理できるものでもなかった。武藤は

85年の名古屋大会で委員長を退任した。不利な状況に追い込まれた国労の最高指導者として、書記長よりも前面に出て自民党内にパイプを作ってきた〝実績〟を知る幹部から続投を求める声は強く、大会直前まで、武藤留任が有力視されていた。

武藤 私自身は名古屋大会で退任を覚悟はしていたのです。大会の時点で、私は54歳8か月。国労の役員定年は56歳ですから任期中に定年年齢が来てしまう。山崎が後任として控えているし、と思っていました。

そこへトミさんと細井が来て「お前が任期中に定年が来てしまうのはわかっているが、今は国労にとって難局であり正念場だ。あと1期委員長をやってこの難局を乗り切れ。（難局乗り切りにはいろいろ政府や当局と妥協する場合があるだろうから）その上ですべての責任をとって腹を切れ」と説得されました。定年年齢まであと少しの余裕がある山崎については「この次の委員長でいいではないか」。それで私は山崎のＯＫを前提に続投するつもりになった。

武藤続投へ密約

武藤 この課題をバタバタせずに解決するため85年4月下旬、トミさん、細井、私と山崎の

4人で話し合った。山崎は「なぜだ」と抵抗の構えを見せましたが、最後はしぶしぶ同意した。このことは4人だけの内密事項と確認したのだが、幾人かの地本委員長にはたちまち漏れた。結果からみて山崎が納得しなかったのは間違いないところでしょう。

大会が近くなり山崎が私のもとへきて「オレのことは出身地本に任せている」と言ったのですが、ほとんど気にも留めず、名古屋大会ではどんな（続投）挨拶をするか考えていました。

社会党、総評、国鉄当局、自民党にも武藤残留の情報は伝わっていたと思う。4者会談の時にトミさんは「地方幹部には（武藤と）同年で定年退職する者が20数人いる。武藤残留となるとオレも、オレもとなって新陳代謝が進まなくなる恐れがある。だから名古屋では（委員長人事は大会4日目に幹部間で内定し、最終5日目大会代議員全員にかけて決定する日程だから大会現地で幹部間により開く）人事委員会の3日目に山崎が出席し、武藤と私のコンビで、もう1期やりたいと発言すれば他に対立候補もいないのだからスムーズに決まるのではないか」と、具体的な留任の方策を話した。

「オレを委員長に」

ところが山崎は3日目の人事委員会には来なかった。山崎の部屋に連絡したがどこにいるのかわからない。4日目、人事を内定するのを前に、やっと山崎は呼び出しに応じた。富塚と私が約束の実行を迫ると、突然、山崎は立ち上がって「私を委員長に推してくれ。そうしたら俺は一生恩に着る」と言って頭を下げたのです。私も富塚も開いた口がふさがらなかった。(出身の)「大阪地本委員長が俺に任せろと言うから任せた。昨夜遅くお前は一切黙っておけと言われた」と昨夜の所在不明の弁解をした。

トミさんは「国労がこんな難局にあるときに、人事で紛糾している姿を外部には見せられない。山崎1人では乗り切れないが、もう俺たちはきみには頼まない」と言って、その後は人事工作を止めた。そして富塚は私に国労共済の理事長ポストを具体的に示した。この夜、私の退任情報が流れると、留任支持者たちから私の部屋に「裏切りだ」と非難する電話が続々かかってきた。私は4者会談の密約を話した上で彼らに謝り続けました。続投構想が実現していたとしても私でこの難局を乗り切れたかどうかはわかりません。だが、(大胆な妥協を図ったうえで)腹を切る覚悟は全く揺らいでいませんでした。

名古屋大会後、退任挨拶のために金丸、安倍(晋太郎)、後藤田に面会を申し込みましたが3人の秘書からいずれも「逃亡兵と会う気はない」と簡単に断られました。橋本運輸相にも「敵前逃亡兵に会う必要はない」と面会を断られた記憶があります。総評の黒川（武）議長、江田（総評国鉄）再建闘争副本部長、社会党の田辺書記長（当時）らからも「武藤の裏切り」と非難されました。

「敵前逃亡」と言われて

――自分の本意でもないのに退任して、その上「敵前逃亡」では悔しいでしょう。

武藤（組合指導者である武藤の声はもともと小さくはないが、この時だけ一瞬声がさらに大きくなって）もちろん悔しいですよ。（すぐ冷静な声に戻り）例の白紙委任状を取り戻す件で、関係者がホテル・ニューオータニに集まったことがある。田辺、江田虎臣たちが協議の場にいた。その時、国労の書記長だった下田（恒正）が私に「一緒に来て委任状を取り戻すよう取り計らってくれ」と頼むので協議に同席しました。その場では取り戻せませんでしたが。下田は門鉄局の後輩でね。

江田が返さなかった理由は、「国労はいつまでぐずぐずしているのか。総評に一任したのだろう。まだ態度を決められないのか」と委任状を持っていて、国労の民営化容認を促そうというところでしょう。私に対して江田は「敵前逃亡のような格好で引退したお前が、なぜ今頃出てくるのか」と言ってましたね。下田からはその後、「周囲から武藤の傀儡のように言われるので手を切ってくれ」とか頼んできましたがね。

労使共同宣言を拒否

武藤が言う「腹を切る覚悟」とは、直接には国鉄当局が86年1月13日、国、動労、鉄労、全施労に示した「労使共同宣言」の受諾・調印に関してだろう。国労以外の3組合は受諾し宣言に調印した。宣言は「ストの自粛、安定輸送、安全確保、闘争中を示すリボンやワッペンを身に着けない。名札をきちんと身につける」を主な内容としていた。労使協調型の組合、鉄道労働組合や公明党支持を表明していた穏健派・全施労の調印は予想されたが、貨物輸送安定宣言調印以来、徐々に運動に変化を感じ取らせてきたとはいえ動労の同調は大きな意外性を持って受け取られた。

名実ともに動労の実力者であった本部委員長・松崎明は（故人）は「雇用確保のためなら何と言われようが構わない。この方針を貫く」と動労としての態度を表明し、政府にも社会にも宣言した。だが国労は反応できなかった。少し後になるが、政府から接触もあった。

1983年から国鉄分割・民営化時の企画部長だった秋山謙佑は『敗者の国鉄改革』（情報

センター出版局）に、次のように書く。

三月初めのある晩、山崎委員長と私は自民党の藤波孝生・国会対策委員長に呼ばれた。藤波氏は前年暮れの内閣改造まで官房長官を務めた中曽根首相の側近中の側近として知られていた。（略）赤坂の料理屋であれこれ二時間ほど話をしたあとで藤波氏は、「ところで、秋山君、労使共同宣言を結べよ。いや、中身なんてどうでもいい。気に入らなかったら変えてやる。君が共同宣言に踏み切れば共産党は君らから離れていこうが、そこが大事なんじゃ。いいか、共同宣言を結べ」と宣言締結を促した。

「先生、共産党だからというだけで組合を割ることなんてできませんよ。第一、もし、国労が労使共同宣言を結んでも彼らは決して国労から出て行きはしません」。

「そうか、共同宣言でも駄目か」そうつぶやいて帰る藤波氏を私は玄関まで見送った。

秋山はその後に総務庁（現総務省に併合。一部業務は内閣府へ）の人事局長によばれた。踏み込んだ話にはならなかったが、当時、同庁の長官は後藤田であり、長官の指示で人事局長が国労の情報収集に動いたのだろうと推測している。人事局長が勝手に情報収集に秋山を招いたのかもしれない。辣腕と言われ警察庁長官でもあった後藤田の実力は鳴り響いていたし、秋山から情報を得なくとも、労働省情報はもとより警視庁の公安情報、公安調査庁情報なども駆使できただろう。とはいえ、役所はタテ割りで情報を囲い込むから直属の部下に後藤田が情報収集を指示したこともあり得るが。

秋山は、一世代前に社会党青年部で活動して、いま国労の中堅になった活動家を自分が集めていると噂されたから、会いたいと言ってきたのかもしれない、と憶測する。しかしそんなことよりも、と秋山は記す。「藤波氏や同庁人事局長の私への接触ぶりを考えても、このままでは本格的な組織潰しが始まる。事態は分割・民営化反対のスローガンを叫び続けているだけではどうにもならない状況に来ている。私は強い危機感にさいなまれた」(『敗者の国鉄改革』)。

トカゲの尻尾

名古屋大会では武藤が人事委員長に就いたのを見て「本当に人事委員長なんかやっていていいんですか。」と当人に質問したと同書に言う。大会では武藤留任を推す声が強く本気でやめるとは、秋山も考えていなかった。大会3日目の夜、「私は武藤委員長に呼ばれた」。そして「東京地本が秋山を降ろせと言っている。お前どう思うか」と問われ、「私がトカゲの尻尾ですか。冗談じゃない」と反発したことを明らかにしている。東京地本には静岡地本出身の秋山に変わる協会派の意中の人物がいた。秋山は同書に「（留任しなかった）武藤さんの真意はわからない。しかし、おそらく二年後の事態が彼には見えていたのだろうと思う。武藤さんは逃げた。私にはそうとしか思えない」と書く。

秋山は4者会談の密約や富塚の指示した武藤留任の段取りについては知らなかったのか、同書では触れていない。武藤自伝にはこの時の模様がこう書かれている。

異様なことは（山崎が委員長に推してくれと訴えた人事委の場に一緒にいた）秋山が「委員長、トカゲのしっぽ切りはしないでしょうね」というのである。「どういう意味だ」と私は怒鳴りつけた。彼は「東京（地本）が秋山を変えろ、企画部長を渡辺和彦（当時企画部中執＝向坂協会派）にと言っている。そのために私を切るのですか」というのである。

私は大会二日目の夜、「秋山の扱い」を巡り東京（地本）の鈴木書記長と取っ組み合いの喧嘩をしたの（こと）を彼に言った。その秋山が、そこまでやっている私に「トカゲの尻尾きり」と、私の行動を見ていたという無念を今も忘れない。

「国労は玉砕を選んだ」

それでも同書には武藤が秋山と下田を連れ赤坂のひっそりした料亭で、後藤田と引き合わせたと書かれている。そして今後はこの若い連中がやるので、どうかよろしくお願いしますと紹介し、後藤田は「武藤君。キミらは玉砕の道を選んだ。男らしく立派に玉砕するんだな」と「目は笑わない笑顔」で返す後藤田が描かれている。一度は武藤との面会を断った後藤田だが、その夜、時間をつくったのだろう。

結局、政府、権力との妥協を模索し、何とか国労を生き延びさせようとして「日和見主義者」と攻撃もされた武藤は委員長を自ら1期2年の任期を終わる形で身を引き、国労を去った。後任には山崎が就いた。国労が〝玉砕〟するのにもう長い年月は必要なかった。

それ以前、82年2月、自民党政務調査会に生まれたのが「自民党国鉄基本問題会議国鉄再建に関する小委員会」である。同調査会の交通部会長だった三塚博・衆院議員がこの小委の委員長に就いたため「三塚（小）委員会」と呼ばれた。この会が生まれる前年夏には、国鉄当局の職員局人事が変化していた。国鉄人事で常に最大の焦点になる職員局長には使用者側にあっても富塚の盟友とさえ言える川野が80年春から就いていた。しかし、わずか1年4か月の在任で81年7月1日に更迭されていた。後任は仙台管理局長の太田知行だった。

内部管理に踏み込む三塚委員会

太田は宮城県が選挙区（宮城1区）の三塚とはすでに知りあっていた。升田書によるとハト派で固めた職員局に一人乗り込んだ形の太田は思うような労政のかじを取れないと判断し、自民党運輸族に太いパイプを持つ経理担当常務理事の縄田国武と協力して労政の転換を図ろうと、三塚に相談した。良くも悪くも国鉄改革の敷石を敷く努力をした縄田、太田は改革仕上げの時点で、中曽根にクビを切られる運命にあったが、この段階ではそんな事態を推し量れるはずもない。

「三塚小委」に関し、升田書は、

　この小委員会は、自民党政務調査会に設けられた委員会でありながら、極めて特異な委員会だった。第一に（略）この委員会は国鉄の内部管理問題である職場規律の問題に直接踏み込んだのである。第二にもっと特異だったのは、この小委員会には表と裏の二つの顔があったことである。（略）現場の実態を暴露し厳しく追及する自民党議員の背後には秘密事務局が存在し、委員会の実質的な運営を取り仕切っていた。秘密事務局は職員局長に労政転換を働きかけた「三人組」を中心にする若手改革派で運営され、その背後で太田職員局長が指揮をとっていた。つまりこの時太田局長は、表では小委員会で労政批判を浴びる側に立ち、裏では労政転換を迫る側にまわり。一人二役を演じ分けるという際どいやり方でことを進めていたのである。

三塚委の背後に秘密事務局

「正規軍である職員局が、（自民党の）要求に対して現状糊塗的な資料を出すと、秘密事務局はそれに対する追及の仕方をメモしてふりつけをおこない、審議で追い込んでいく。そしてその両方の部隊を指揮しているのが縄田常務であり、太田職員局長であったわけである」と書く。「三人組」とは経営計画室筆頭計画主幹・井出正敬と職員局能力開発課長兼職場管理担当調査役・松田昌士及び同計画室計画主幹兼総裁室調査役で臨調に対する国鉄側の窓口になった葛西敬之であることはつとに知られている。

井出、松田の2人はJRを去ったがそれぞれJR西日本、同東日本の社長を務めた。JR

福知山線事故で西日本社長だった井出は厳しい立場に置かれた。事故当時にはすでに西日本社長を退いていたが、西日本首脳部時代に安全体制構築に後れを取ったことが事故に結び付いたと、責任を問われた。

三人組筆頭、「井手のＪＲ西行きは大臣指示」

富塚　何年か前になるが、井出から連絡があって一杯飲んだ。当然だろうけどちゃんと切符を券売機で買って電車に乗ってます、って言ってたな。やはり寂しそうだった。本当は彼が東日本の社長に就くはずだった。それを当時の橋本運輸相（龍太郎、のちに首相。故人）に、キミは西日本に行って、オレの選挙区（衆院岡山2区）の面倒を見てくれ、と頼まれた、というより指示されて、涙を呑んで西日本へ行ったんだよ。それまでのいきさつから北海道とみられていた松田が、西日本行きの候補に変わり、さらにまさかのいわばＪＲの筆頭会社・東日本のトップになった。井出は三人組の中でも年長で、3人を比較すれば地位も高く、彼らのまとめ役だったからね。

むろん3人が民営会社として発足した時点で東日本、西日本、東海の3社トップにすぐに就いたわけではない。しかし民営化と同時にすでにいずれトップとみなされた3人は順調にそれぞれの社長に上りつめた（井手は初めから西日本の代表取締役副社長だった）。まだ相談役として、影響力をJR東海に保持し、リニア新幹線建設でも強い発想力と指導力を持つとされる葛西は自著『国鉄改革の真実』（中央公論）で最終的にJR各社の首脳人事を取り決める際の模様を以下のように描いている。

（87年）二月四日（略）本社から井出氏に電話があり、二〇時に三人で赤坂の料亭に来るようにとの（橋本）運輸大臣からの指示だと言う。JRトップ人事の申し渡しだと直感した。

その料亭で橋本運輸相は地元財界等の重鎮から選んだ各社会長、さらにその下で、実質的に会社を切り回すJR各社の社長を次々に明らかにした。東日本社長にはすでに予想されていた住田正二・元運輸事務次官が就き、その他は国鉄の常務理事が社長に当てられた。西日本だけは運輸省官房長の角田達郎を挙げた。橋本は角田が国鉄改革に尽力したと言って、これに報いたいと言う。続いて橋本は、西日本は経営が厳しくなるとみて、経歴的にも国鉄出身者で、すぐ代表取締役副社長に就ける者がサポートするが必要があると、井出を指名するのである。橋本は「君たち三人の中で、今すぐにでも代表権を持てるのは年次的に見て井出君だけだ。井出君は西日本の副社長を頼む」と言ったという。

大臣が松田氏をJR西日本に欲しいと要請しているという連絡が、（略）総裁室長にあったことも聞いた。だからJR西日本は松田氏で決まりと思っていた。井出氏もそう思っていたに違いない。杉浦国鉄総裁が国鉄清算事業団に行くことになった以上、最年長の井出氏がJR東日本に行くというシナリオは一層動かしがたいものになると考えるのが順当だった。松田氏と井出氏が入れ替わって、JR西日本の副社長に井出氏、JR東日本の取締役に松田氏という大臣の話を耳にして私も驚いたが、誰よりも一番驚いたのは井出氏自身だったと思う。

「私どもの人事は総裁が決めること。大臣のお言葉に私どもが直接ご返事するわけには参りません。明日お返事させていただきます」。精一杯の抵抗であった。

右に引用したように葛西の「国鉄改革の真実」には、橋本が自分の選挙を手伝わせるために井出を西日本に配置したとは書いていないが、富塚の話からも鉄道事業の首脳・最高幹部にいることが、選挙の集票に相当な力を発揮することがわかる。部内を仮に組合が制していたとしても多様な出入り業者へ国鉄（JRも）の影響力は大きい。土木建設から小物の納入まで、多様な国鉄関連ビジネスに携わる人びとを集票マシーンに構成するのも相当程度は可能ではないかと思わせる。田中派の橋本の選挙区、岡山2区には運輸族の実力者の1人だった福田派の加藤六月（故人）もいた。

角田は運輸官僚だが1960年代末には北海道警交通部長を務めた経験もある。剣道6段の橋本とは剣道仲間だという。橋本は「彼は運輸省内で分割民営化に努力した」というが、角田の処遇によって井手がその下に就く格好になった。

井手は中堅職員の時代から会った人にさわやかな印象を残す人物だったが、西日本副社長、社長時代には違った印象を残す結果になった。国鉄内で分割民営化の原動力になった人物と、誰もが知っているだけに、西日本を「井手商会」と呼ぶ人が出るほどワンマン化していたとされる。その一方で1995年1月17日の阪神淡路大震災で甚大な被害を受けた西日本を立て直し、安定したビックビジネスへ導いた指導力は高く評価されていた。が、1997年には5年間在任した社長を国鉄時代、改革へ進む後輩の同志だった南谷正二郎に譲り会長に就いた。数年で退任したのは初代社長の角田と同じ道だった。違ったのは「井手院政」と言われた影響力の大きさである。

再生には何よりも労働者がまじめに働くことが必要だ。そのためのタガを会社がつくり常時締めておかねばならない。〝日勤教育〟と称され、ミスをした労働者を追い込み再教育する手段をとった。ローテーション勤務であり仕事の開始時間がまちまちな運転職場で機器の取り扱いミスしたり、だらけていると現場長にみられた運転士をはじめ現場職員を今ではパワハラ（パワーハラスメント）と呼ぶにふさわしいかもしれない再教育を組織として実施した。JR西日本は組合も「JR連合」が主力で、その基は鉄労であって会社に協力的だった。JR総連も存在したが東日本と違いここでは大きな力を持たなかった。

そこへ福知山線事故が起きた。2005年4月25日。死者107人、重軽傷562人の大惨事である。井手はすでに会長職も南谷に譲っていて相談役だったが最高責任者だった時代に安全投資を怠ったのが惨事の大きな原因の一つとみられた。井手は以後に続く社長2人と共に刑事裁判にかけられたが2017年6月13日、最高裁（第2小法廷）で3人の無罪が確定した。

井手の社員一人一人の労働意欲、規律、心構えを強化することこそが、安全の基本だとする考えは変わらなかった。このためか、大局的な意味での責任を自ら記者会見などで表明、謝罪することは未だにしていない。無罪である以上責任の幅、奥行きを大きく深くしすぎるのは事態を情緒化、曖昧化し良くない。それが信念になっているのかもしれない。

1991年5月14日、信楽高原鐵道で同社の普通列車と乗り入れてきた京都発の西日本快速列車が正面衝突した。42人死亡、614人負傷の大惨事になった。この事故は直接的な責任は信楽側に重く西日本の民事責任は3割となった。刑事裁判では角田社長は無罪となったが、彼も最高責任者としての公式謝罪を避けた。井手は前任社長のやり方を踏襲しただけなのか。

もし、JR各社首脳人事の幕が上がるまで関係者が信じた通り井手がJR東日本のトップに就いていたならばどんな事態が想定できるだろうか？　井手対松崎の構図になる。JR東日本は西日本より経営的な条件がよい。井手も、西日本のように厳格な労務管理方針をとっただろうか？　あるいは労使共同宣言を結んでいる点もあり、両者は互いの立場を配慮する労使関係を築いたろうか。東日本のトップに就いた松田、大塚（睦毅＝ポスト松田の社長、会長）らと同様に。

第二臨調は82年7月30日、国鉄については5年以内に分割・民営化（特殊会社化）し、政府（総理府―現内閣府）に国鉄再建監理委員会を設置し、分割・民営化のために計画を作成する等を答申した。これに対し、縄田、太田を中心に検討、作成した国鉄の報告書は「経営改善策を徹底して実施し、その結果を見て1985年（昭和六〇）年時点で経営形態について最終判断をすべきだという立場である」（升田書）。

最初から分割を実施してスタートする臨調答申路線を「入口論」と言い、後者の「報告書路線」を「出口論」と呼んだ。出口論は具体的には民営化容認、または民営化必然の路線だが分割は先延ばしであり、実質的には分割阻止の意味が込められていると理解された。

改革派内で分裂

もはや民営化の流れは止めようがないが分割はごめんだ、と考えていたのは労使融和から対峙する労務政策に転換していた縄田―太田ラインであった。対労組厳格化を主張し推し進めてきた幹部たちの間に亀裂、対立が生まれていた。民営化を目前に「三人組」が一時期本社から飛ばされた。「三人組」は分割の臨調路線＝入口論を強く支持、主張し、縄田、太田と鋭く対立したのである。

曲折を経て中曽根によって「出口論」「分割阻止」でスクラムを組む縄田、太田は辞表を提出させられ、更迭された。

その顛末《てんまつ》を中曽根（康弘・自民党幹事長、行政管理庁長官、首相）はこう回想している。

そうこうしているうちに、一月（85年）に国鉄側から文書が出ます。縄田君が中心になってつくったようですが、まるで「面従腹背」で、答申は尊重するが実質的には変わらないようにするという内容の文書＊でした。

国鉄首脳部を一掃

もうひとつ、過激な秘密文書＊＊がありました。（略）「しょせん、政権などというものはいつかは代わる。頭の上を嵐が過ぎるのをじっと待っておればよい。臨調などただの諮問機関ではないか」。こんな内容だったと覚えています。

それを読んで、「これは、もういかん。辞めさせよう」と決心したのが四月ころでした。その前夜、国鉄内の改革派の三人組が地方へ飛ばされました。（略）（総裁の）仁杉（巌）さんは、すでに嫌気がさしていたようです。（略）仁杉さんも素直に（山下徳夫・運輸相に）辞表を出したのです。

しかし抵抗勢力の中心は縄田君でした。「仁杉君のクビだけ取ったってダメだろう。縄田君の辞表も一緒に持ってきなさい」（略）と押し返したところ、向うは（注 文脈からみて山下運輸相のように読める）ブラフのつもりか、「それでは、全理事の辞表を出しましょう」

といって辞表を持ってきましたので、もっけの幸いと、すんなりそれを受け取りました。

（中曽根康弘『自省録─歴史法廷の被告として』新潮社）

＊国鉄当局がつくり再建監理委に提出した再建案文書「経営再建のための基本方策」

＊＊大田知行・国鉄常務理事が朝日新聞記者に語ったとされる内容のメモ。大田は「（再建監理委が強く主張していた国鉄役員の入れ替えについて）監理委は審議機関であり、実行責任も権限もないのに、偉そうな顔をするな、という気持ちだ。監理委もいずれは消えてなくなる」などと記されていたというメモは分割推進改革派を経て、政界の一部を駆け回った。それが中曽根の手に入った。

実際に国鉄首脳、幹部が更迭されたのは6月24日になった。仁杉総裁の辞任と縄田副総裁、太田常務理事ら理事4人、技師長の退任である。後任総裁には杉浦喬也・前運輸事務次官が就いた。東京南鉄道管理局長に出ていた井出は新総裁が設けた再建実施推進本部事務局長に就いた。分割・民営化を具体的に実現するための核心ポストである。7月26日には再建監理委員会が分割・民営化を確定する答申を中曽根に提出した。そのスタートは87年4月1日とされた。中曽根は答申内容の実現を誓い、10月11日、この答申に沿った分割民営化方針を閣議決定した。

国労と共に強力な実力行使を続けてきた動労は、スト権ストで公労協御三家（国労、全逓、全電通）の動向に沿い、中でも同じ国鉄労働者として企業内主要組合の国労と行動を共にしてきたが、徐々に独自の行動をとり始めていた。動労はもともと機関士の労組（機関車労組→動力車労組）で、国鉄という公社内の職能組合として生まれた。78年7月、大会で「貨物輸送安定宣言」を採択した。貨物列車をストの対象にしないとする宣言である。

升田書によれば貨物の輸送シェアは55年には国鉄52・0％、内航海運35・5％、自動車11・7％であったものが20年後の75年には国鉄貨物のシェアが12・9％へ大きく低下した。国鉄はこれに対応して大幅な貨物部門の縮小を計画した。貨物運転士を多く抱える動労は反発して正面から力の闘争を挑むとみる向きが多かったが、そうはしなかった。

貨物輸送安定宣言

逆に貨物輸送安定宣言によって当局に、動労の微妙な変化を感じ取らせた。実際の貨物取扱量と輸送可能量が大きくひらくようになっていた。動労東京地本委員長当時の松崎明には、しばしば出向く東京・目黒―五反田間にあった動労本部の脇を走る貨物列車の地響きが身体に軽く感じられはじめていた。空でつながれる貨車がそれだけ多くなったのである。

スト権ストでは国鉄貨物のストップによって、物資流通に大きな困難が生じ、国鉄貨物輸送の存在価値がそれだけクローズアップされると見込んだ国、動労の〝期待〟に反し、大きな混乱は起きなかった。すでにそれだけ国鉄貨物の物流に占める割合（シェア）が減っていた。もう一つ混乱が生まれなかった理由は、道路輸送がストップしなかったからである。それどころか稼ぎ時とばかりにトラックを増発する陸運会社がかなりあった。スト権ストはすべての交通運輸がストップする交通ゼネストではなかったから、トラック増発はスト破りではない。ただし、交運労働者の連帯は絵に描いた餅同様であった。この経験と背景を経て貨物列車運転士が多数加入している動労は貨物輸送安定宣言に踏み切った。

78年のダイヤ改正時、貨物の輸送力と実際の輸送量には25％の開きがあったと、松崎は第二臨調の参与だったジャーナリスト、屋山太郎と対談して語っている。

そうなったら労働組合の指導部が幾ら格好いいことを言っても仕方がない。ストを打って貨物列車を止めれば止めるほど、仲間の誇りが消え職場もなくなってくる。そこで私が、国鉄労組に「今後は貨物の闘争はやめる」と申し入れたのです。

（『文藝春秋』82年4月号掲載。第二臨調参与のジャーナリスト屋山太郎との対談。以下引用する場合は同対談）

同対談で松崎は、国労の幹部たちが、動労が先に決議すれば国労もあとに続くと応じたと言っている。動労は約束通り決議したが、国労は約束とは逆に「貨物をストから除外するのは自らの手足を縛るようなもの」という態度だった。国労幹部は信用できない。（動労は）国労の（闘う）牙であることをこの時やめようと決意したと、語っている。85年8月の日本労働ペンクラブ主催の講演でも同様に語っている。

この講演では動労、国労3役同士が顔を揃えた場で動労が持ち掛け、国労も賛成した。にもかかわらず、国労は約束を果たさなかったと強調した。松崎自身はこの貨物輸送安定宣言こそ最初の転換点だったと、位置づけ、自ら顧みることが多かった。

最優先は雇用確保

動労東京地本委員長を12年間務め、すでに組織内の最高実力者とみられていた松崎は85年6月28日、動労本部委員長に就任した。41回大会である。松崎のとった方針は、分割・民営化の嵐を前に、とにかく動労組合員の雇用を守ること。これが最優先事項と判断した。自らの組織の利益、組織員の擁護を主張、行動の基準にしたのは結局のところ職能組合という組合発足の原点に還ったのか？ 動労は国鉄分割・民営化が2年足らずに迫る中、争議の自粛を盛り込んだ労使共同宣言（注2）をも呑みこみ国鉄内他2組合と共に調印した。国労はこの宣言を拒否した。藤波が秋山に受け入れを迫った労使共同宣言である。

「正しい変節」

また、松崎は同対談で自ら『変節』したと語っている。

松崎　（略）動力車労組の変身を「偽装」だなんて言う人もいますけれど、そんなケチな根性ではとてもできないことです。

屋山　自民党のなかにも、「動労はいい子ぶって嵐の過ぎ去るのを待っているんじゃないか」と、疑心暗鬼で見ている人が結構いるんですよ。

松崎　国鉄労組の幹部の皆さん方も、そんな風にあおっていらっしゃるようです。

屋山　「世を忍ぶ仮の姿だ」とね。

松崎　残念ながらその期待には添えません。だって、変節なんですから。その変節が正しいのですから、自信を持ってやります。（略）

動労のカリスマと革マル派

対談で「動労はいい子ぶって」とか「世を忍ぶ仮の姿」という言葉が出るのは、あるいは一般にもその種の見方が残るのは、単に動労が国労を上回る戦闘的な労組と認識されていたからだけではないだろう。松崎が思想・政治集団革マル派（革命的共産主義者同盟革マル派）幹部とされていたからである。松崎は動労の中でカリスマ性を発揮する唯一の存在であった。すでに東京地本時代からそうであり、具体的な例を巧みにちりばめ、時に伝法な口調を用いつつ自信に満ちた断定調のスピーチの巧みさには定評があった。信望する者にとってはたまらないカリスマの魅力を持つ存在でもあった。

それだけにかつての戦闘的労働組合に回帰するのではないかというより以上に、労組の形態をとりつつ革マル集団として政治セクト化するのではないかという不安である。実際に政治セクト化すると言ってもそれがどんな態様、行動様式を持つのかは、なかなか具体的にイメージしにくい。だから漠然とした不安であったが、新左翼政治セクト間の内ゲバと言われた争いは、実際、ときに襲撃による殺人を引き起こしていた。松崎は政治セクト化を強く否定していた。

屋山　革マルとの間はどうなんですか。

松崎　かつては関係がありましたけれど、いまは全くありません。
屋山　いまでは関係ない？
松崎　ええ、関係を持っていたら（略）組合員に責任を持つ、あるいは国鉄の未来に責任を持つことよりも、一定の思想に責任を持つということになりかねない。それでは労働組合運動の指導者として失格です。一定のセクトに属している限りは、何から何まで相談しなければならなくなります。
屋山　セクトの方から狙われたりはしませんか。
松崎　そこが非常に辛いところで、あっちからもこっちからも狙われたらどうにもならないわけです。ですから私はいかなるセクトの悪口も言わないと決めまして、ともかくやることはやる。非難するのはセクトの自由ですから、それはしょうがないと覚悟しています。

（同対談から）

松崎は1936（昭和11）年、埼玉県で生まれた。55年に国鉄の臨時雇員になり、翌年、正職員となって尾久機関区に配属され機労（機関車労組、後に動力車労組）組合員となった。61年には動労青年部の初代部長となり、その後、東京地本書記長を経て、73年同地本委員長。85年から動労本部委員長に就任し、国鉄自体の幕引きに客観的には大きな役割を果たした、と目されている。

升田書は、「松崎にはもう一つの顔があった。（略）革マル派最高幹部としての顔である。（略）革マル派結成時（六三年四月）にはその副議長となっている」と指摘し、松崎自身は革マル派を離脱したとしているが、その真偽には今も議論があるという。さらに升田は松崎が動労の内部派閥、政策研究会の事務局長を64年以来本部委員長就任の85年まで務めたと指摘、政研の主導権は革マル派が握っていたと記す。動労には職能組合としての労働条件改善要求を中心に結束してきた労運研（労働運動研究会）派があって、主導権を握っていたが、77年に政研派が本部（中執）の多数を制した。もっとも75年のスト権スト当時も東京地本委員長だった松崎の意向は動労全体の動きに圧倒的な影響力を持つまでになっていた。

ところで、動労の路線転換をめぐる肝心かなめの問題は、革マル派の組織維持のために一時的な戦術として、仮の姿として現実的な柔軟路線に転換したのではないかという疑念である。言い換えれば「偽装」である。しかもその疑念は国鉄改革時はもちろん、その後、今日に至るまで常につきまとってきたのである。（略）松崎はＪＲ発足後も八年間にわたり東日本旅客鉄道労組（ＪＲ東労組）の委員長をつとめ、同時にＪＲ総連の事実上のトップとして長年君臨していたからである。（注 松崎は２０１０年12月死去）。（略）

松崎はその著書やこの種の対談などで革マル派を離脱したこと、革マル派とは絶縁したことを繰り返し公言し、ときには痛烈な革マル派批判をおこなってさえいる。しかし、離脱の時期について問われると（略）曖昧なまま押し通してきた。」（升田書）

一方、ＪＲ東労組やＪＲ総連は革マル疑惑を強く否定してきた。松崎がこの世を去って８年余、なお革マル疑念は続くのか。民営化後、スト自粛を明らかにしてきたＪＲ各社の労組で、利用者に直接影響するようなストライキに踏み切った例はない。踏み切るどころか冒頭部分で記したように組合はストを構えることも難しい事態を迎えている。

——分割・民営化時に国労は希望してもＪＲに採用されない１０４７人の失業者を生んだ。動労はＪＲ就職希望者に限れば失業者を出さなかった。動労は４万６千人程度。当時の国労と比べればずっと小さい組織だし、その組織におけるカリスマのもとに結集していた当時は一枚岩といっても良かったから、素早く動ける利点があった。

「自分のところだけ、でよいわけない」

――結果論だが、雇用の面及び組織存続という点に絞って見れば動労に先見の明があったと言えるのだろうか？

富塚　（声を大きくして）そうではない。動労は国鉄のＪＲ化後、東日本労組になった後も国労労働者の就職を妨害してきた。自分のところだけ良ければ、それで他はどうなってもいいのか。労働者の連帯の面でも話にならない。幾ら何でも松崎があんな風に裏切るとは思っても見なかった。スト権スト当時はこちらの言うこともしっかり聞く青年指導者だったんだが……。

動労は結局総評を脱退（86年7月24日）し、いったんは鉄労と提携さえした。松崎は、「富塚が事務局長時代の総評は、動労が呼び掛けた大掛かりな集会に総評傘下の組合員を参加させないように仕向けた」、と富塚総評批判を繰り返し述べていた。

国鉄のＪＲ化（民営化）に呼応して協力した動労組合員と、最後まで反対した国労組合員の間には、その後についてもはっきりと差がつかなければならない。それが松崎の主張だった。

だからJR発足後も1047人の国労組合員を就職させない、とする東日本労組からの圧力を、JR東日本首脳部はひしひしと感じていたに違いない。実際に雇用しなかった。1047人問題は金銭解決となった。それまでに動労の後身、JR東日本労組と経営側間の蜜月時代が続いた。

後藤田はかって動労の変身が本物とみているのかどうか武藤に問われて「保護観察中じゃ」、と言い放ったことがある。それから年月を経て、東日本経営者は「ストも自粛し、よく働く労働者、分割民営化に合意した組合の言い分を聞くのは当然」と考えていたように見えた。同時に腫物に触るような気の遣い方を労組側に向けていた、と言っても過言ではない。メディアと社長以下東日本首脳との懇談会では、列車運行妨害行為の疑いなど労組の言い分ほとんどをそのまま披露・伝達するような言動が何度もあった。

「民営化」を言い出せない委員長

――国労が沈みこんでしまったのは、結局のところ何が最大の原因とみていますか。

富塚　僕は既に衆院議員に出ていて、しかも国労が沈んでいくときには落選中。思うように影響力を発揮できなかった。ただ組織内に協会派だけでなく新左翼各派も入りこもうとして統制のとれない状況になってしまっていた。

武藤　江田は何度も山崎を呼んで全電通は民営化容認、分割反対で進むし、動労は労使共同宣言を受け入れるぞ、と情報を流していたが、山崎は「わかりました」、と言って帰るだけで何ら手を打たない。協会派が強くて国労内部をまとめきれないわけですよ。江田が愛想をつかしたのは山崎が自分の組織に何も言えないからです。江田が田辺や大出（俊・衆院議員。全逓出身、故人）らを通じ、段取りをつけて橋本運輸大臣が待機しているところまで進んだが、どうしても労使の協力（労使共同宣言受け入れ）を言いだせない。

江田はもう、どうしようもないから「オレに白紙委任しろ」となった。山崎は「国労問題の取り扱いについては総評に一切委任します」と一筆書いた。それが白紙委任に至った経緯です。国労問題の解決には、（民営化は容認、分割はしないという）社会党案で行くしかないよ、と山崎に言わせようとしたのが江田の考えだったと思う。私は名古屋大会の直前まで江田といろいろやり取りしてこの案で行こうと互いに合意していた。

それが山崎委員長になって提起できなくなった。そうなってしまいましたから江田が総評の国鉄問題の責任者である以上、方針を明確にすればよかったとは思いますが、彼は国労の現職委員長に言わせたかったのでしょう。江田にも直接火の粉が飛んでくるでしょうし。総評案も社会党案に準ずる内容です。

87年4月の分割・民営化が迫る前年の7月22日から4日間、国労は第49回定期大会を千葉市文化会館で開いた。ここで山崎委員長は、雇用確保を前提に「今やらねばならないと判断した時は、大胆機敏に決断する。やってからなぜそうしたのか理由を付して、機関と全組合員に明らかにする。急速な変化に機敏に対応しなければ雇用と組織は守れない。戦術上の諸問題の決断は、当然とはいえ中央闘争委員会に一任を」と代議員に迫った。そして具体的戦術方針内容を明文化しないまま「大胆な妥協路線」をとると明らかにした。しかし、執行部を支持する勢力と反対する勢力は拮抗していた。結局この大会で執行部は今後の方策について一任を取り付けられなかった。「重大事項決定に関しては事前、または事後に機関に諮る」ことにして各派はその重大事項決定を先送りした。山崎の冒頭提案発言に対し、「事前に」諮るよう明記された。この期に及んでも先の見えない先送り。革同も社会主義協会派も新左翼系も民同左派系の山崎執行部を支持しなかった。組織としては大胆な妥協方針を、提起できない状況にからめとられていた。

武藤は「国鉄改革法案審議のヤマ場で勝負を賭けた戦いを挑み、やるべきことをやったうえで組合員に信を問え。しかるべき後、労使共同宣言を受け入れて雇用安定協約を締結すべきだ」と、この大会直前、各地本委員長に手紙を送っていたという。これは非妥協派の勢力の強い東京地本を刺激していたと、前出の国労企画部長・秋山は「敗者の国鉄改革」に記している。武藤の手紙は社会党、総評案にのっとった内容に違いなかった。

そうして迎えた86年10月9日から2日間、伊豆半島・修善寺で国労は臨時大会を開催した。執行部が腹をくくってようやく大会に提出できた（分割は別として）民営化容認、労使共同宣言受け入れ、雇用安定協約実現を骨子とする「当面する情勢に対する緊急方針」。それは代議員の無記名による投票総数２９８票のうち反対１８３票、賛成１０１票の大差で葬り去られたのである。山崎執行部は総辞職した。

新たな執行部が誕生したものの目前の分割・民営化に明確で具体的な対応策をもって当局に向き合うのは事実上、不可能になった。その間にも組合員の離脱が進んだ。が、国労には臨時大会時点でまだ11万７０００人の組合員がいた。そしていま、国労は1万人以下の組織人員。影響力は失われた。

毎週金曜日付で発行された国労機関紙「国鉄新聞」は86年10月17日号を臨時全国大会特集号とし。１面トップ主見出しを「国労は闘う道を選んだ」とした。

自民党304議席の衝撃

武藤　結局は中曽根が衆参同時選挙（86年7月6日投開票）に打って出て自民304議席、社会78議席。あの時の選挙結果が国労解体にまで結びついたわけです。

――インタビューも終盤にきました。話をスト権ストに戻すと、スト6日目の12月1日に行われた三木の記者会見ですが、公企体労働者にスト権を付与するのはさらに慎重な検討を要するとしたのが声明の骨子ですし、その後の記者会見で三木は「当面スト権を付与しない」とはっきり述べた。声明の流れから当然そうなるわけですが、この声明は自分が直接、書いた、と中曽根は述べている。役人の手を借りず、相談もしなかった。ただ、椎名には電話で連絡を取ったと言っている。事実なら幹事長・中曽根の文章を首相・三木に読ませた格好になる。

武藤　中曽根派でも分割は無理と踏んでいた幹部は幾人もいました。例えば横浜の（神奈川1区を選挙区にして田中派と仲の良かった）小此木彦三郎。私は相当親しかったが、分割はしないという立場だった。

――金丸に近かったとはいえ小此木は中曽根派の幹部ですから喧嘩しない限り、領袖の中曽根に従うことになる。中曽根はスト権付与反対の声明文を書いた時点から国労を潰し、社会党を潰し、日本という国の根幹を変える第一歩に、という絵（近い将来図）を描いていたと

み る向きもあるが、果たして後講釈であるのかないのか、それはわかりません。中曽根内閣では運輸相に分割・民営派ばかりが就いていたわけではない。そんな指摘もある。

田中の「非分割、民営化論文」は幻に

武藤 それより田中だったのですが、私が書記長、委員長時代に田中派では衆院で直接運輸行政に関与していたのが田中直紀（角栄の長女・田中真紀子元外相の夫。衆院議員）と石井一（衆院議員。国土庁長官など。民主党に移籍して副代表）だけ。やはり田中本人に訴えて、分割、民営化の流れを何とか我々の呑める範囲で落着させようと考えた。苦し紛れですがね。この段取りをつけてくれたのが国労の顧問弁護士だった小島成一です。小島さんは自由法曹団出身で、国労の顧問弁護士としては（最高裁判事出身の）大野正夫弁護士と双璧だった。

小島さんは国鉄問題の焦点は分割阻止だ。ここに狙いを定めて工作する必要がある。中曽根は本気だから彼に影響力のある田中に働きかけようと説き、田中の信頼厚い早坂茂三秘書に連絡してくれた。小島は学生運動をしていた若い時代、運動の最高幹部だった。早坂はその仲間だったという。私は細井と共に赤坂で早坂に会い、早坂のレクチャーを受けました。早坂は「妥協的、迎合的言辞を吐く人間をオヤジ（田中）は嫌う。信用しない。だから一歩

も譲らぬという調子で主張、考えを述べなければならない」とレクチャーしてくれた。

私は既に国労の方針案にも民営的手法の導入を表明していました。84年夏に田中と会うと彼は「民営化しよう。分割はだめだ」と断言する。その理由を尋ねると「オレのところの越後交通の鉄道（1975年廃止）も国鉄につながらなかったから発展性に欠けた。全国の鉄道網はつながっているからこそ価値がある」と応じた。

地方交通はバスを含めて国の金を入れてしっかり経営すればやって行ける、と田中が言うから「それはダメです。今までも国の金を入れてきたが、民営化したどこの地方線もうまくいっていません」と私が返した。田中は「まあいいわ。お前とそんなことを話しておってもしょうがない」と言い、「武藤君。お前苦しいだろう。中曽根は甘っちょろくないぞ。損害賠償裁判や余剰人員問題を抱え苦しくないわけがない。その苦しさから逃れるには民営化だ。スト権は獲得できるし、202億円賠償もチャラ。商売もできるのだから鉄道は繁盛間違いない。誰がやっても成功する。だから民営化をやれ」。

私は最後まで民営化OKと迎合はしなかった。何しろ横に早坂が付いているのですから……。

私は「衆議院の運輸委員は田中直紀さんと石井一議員だが」と切り出したところ、田中は

「まあ、あの連中では埒があかんからわしが近く論文を書く。民営化に踏み切り、分割はしないという内容だ」と話してくれた。田中が倒れたのはそれから7カ月後（注　1985年2月27日。脳梗塞により入院。以後政治活動不能。この2月は田中派の最高幹部・竹下登が自立の動きを見せた。怒った田中の酒量が多くなって倒れる原因になったと言われた）でした。論文は幻に終わってしまった。

もし論文が発表されていたら、事態は違った展開になったろうか？　訴追後もキングメーカー、闇将軍と称された刑事被告人・田中角栄の影響力を計るバロメーターになったのかもしれない。しかし、鈴木内閣はすでに82年9月24日、退陣の置き土産であるかのように事実上、5年以内に国鉄分割・民営化へ向かう方策を示した行政改革大綱を閣議決定していた。

◉海部俊樹（元首相）インタビュー

「憲法違反はどっちだと反撃」

スト権ストでは海部俊樹・内閣官房副長官（政務担当。後に首相）と富塚三夫・公労協代表幹事（国労書記長。後に総評事務局長、社会党衆院議員）が対決したＮＨＫテレビ討論が、スト中、連日放送された。あの時代を生きた市民の間では「この討論が記憶に残っている」という人が多い。首相官邸と闘争本部が置かれた東京・水道橋の全逓会館を結んだ当事者間の生討論は、お茶の間に連日緊張感を届けた。のちに首相を務めた海部氏（インタビュー当時、84歳）に「スト権スト」にどう対峙したかインタビューした。

「井出官房長官から引き継ぐ」

――スト権ストを経験した一般の市民に聞くと最も記憶に残るのは海部ＶＳ富塚のテレビ討論だという人が多い。

海部　最初、ＮＨＫから要望があって井出（一太郎）官房長官が出たんだが、（官邸の中継部屋から）戻ってくるなり私が呼ばれて、「私はああいう手合いとは肌合いが合わんから、明日からキミが出てくれ」と指示された。井出長官は文人肌の人だったから、おっとりしたところがあってやり合うのが嫌だったんでしょう。１対１ですからね。翌日から私が出て行った。

――討論で今でも強く印象に残っている点は？

海部　富塚がしきりに三木（武夫）首相は（憲法に保障されている労働基本権を認めない）憲法違反男だと言うから「キミこそが違法ストを実行して現に憲法違反を犯しているんだよ」、と強く反撃して三木さんを守ったことがありますね。

海部俊樹 内閣官房副長官（1974年）
写真＝毎日新聞

　富塚という人も手強いから、討論以外にも「三木が一言、分かったと言えば形がつく問題だ」だと言ってくる。他の、例えば全電通の及川（一夫・委員長）なども他局の番組で一緒になると休憩時間に「もう少し押せば三木はスト権を認める、と私たちは聞いている」と迫ってくる。富塚もそうだったけど初めから何とかストを倒す（止める）

ところをさぐっている感じだった。どうも初めから倒しどころをさぐるのでは真面目じゃないという印象を持たざるを得なかった。

（この点を富塚に質問すると、ストライキでは何もメドをつけずに突入するなんて、できるわけがない。無期限でストを続けることはできない以上、指導者は解決の腹ずもりをして、決着点をさぐるのは当然ではないか。むしろ決着点を考えずにストを実行するのこそ非常識だ、と答えた）。

——井手さんに丸投げされた後、海部さんはどんな準備をしたのですか

海部　（若かった）当時の私には恥も外聞もないから、相手がきゃんきゃん言っている点にその場で明確に反論するよう心掛けた。早稲田（大学）の雄弁会出身だからべらべらしゃべる訓練をしてきたのが役立った。いろいろな人が激励してくれて嬉しかったが、中でも早稲田の西原（春夫）総長（スト権スト当時は法学部長。82年から総長）が官邸に来られて、「憲法違反はどっちだ、と反論してくれたのには胸のすく思いがした」と激励してくれたのが今でも印象に残っている。討論はテニスやピンポンのラリーと同じ。その場で強く打ち返さなければだめということを雄弁会で身につけさせられたんですよ。

「助言に応じ笑顔を練習」

それに野末陳平氏（トークタレント出身の自民党参院議員＝当時）が来て、「あなたは相手の目を見てモノを言うが、それよりカメラを見なさい。レンズの向こうに国民大衆がいるんだから。もう一つはあまりパンパカパンと早口でモノを言うと視聴者（率）が下がって（引いて）しまう。だから、一呼吸おいてもう少しゆっくり話した方がよい。その二点ができれば貴方の方が断然優勢だ」と激励を兼ねてアドバイスしてくれた。

それに「キミは笑顔がいいからもっと笑え」とも言われた。「おかしくもないのに笑ってばかりもおれんよ」と返すと「そんなこと言ってないで笑顔の練習をしろ」と言われ、練習しましたね。陳平氏は三木さんに可愛がられていて「情報を持って来い」と三木さんによく言われていましたね。

――この論戦を副長官としてどんな風に進めようと考えたのですか？

海部　我々は全国民の代表なんだから、組合組織の代表と対等に論じるというのは間違いではないかとも思った。しかし公労協も天下の組合組織だから、論戦自体は認めて行こうということにしましたがね。

「全国から水玉ネクタイ」

――海部副長官は当時から水玉模様のネクタイを愛用していた。その後、沢山のネクタイが送られてきたと聞いています。

海部　実に沢山の水玉ネクタイを送っていただいた。国民一人一人の気持ちのこもったネクタイだから粗末にしちゃあいかん。デパートに相談して外から内部が見えるネクタイ専用のタンスをつくった。今でもこのタンスを使っている。欲しいと言ってネクタイを持って行く人もいるがね。

富塚は身だしなみが良かった。ネクタイは毎日変わってきた。それもエルメスなどの高級品。相当な（労働）貴族だな、と思った。

全電通の幹部ら公労協幹部と話をしたが、彼らはスト権を獲得できると信じていると言う。三木首相をもう少し押せば（スト権）を認めると信じている。私は三木にも直接確かめたが（スト権を認めないという）キミの言っていることでいい。いろいろな情報が入るだろうが、方針は変わらないのだから、今のままで続けてください、と指示されましたね。

――その間の官邸の動きは？首相執務室でいろいろ話し合うのでしょう。

海部　三木さんにはしばしば首相執務室に呼ばれましたね。1人だけ、官房長官と一緒、事務担当の川島（広守・官房副長官）と一緒の時もありました。時々の情勢分析ですが三木さんはスト権を容認しないというのが基本の基だから、そのつもりで頑張ろうといつも言っていました。井出さんも三木さんと一心同体のような人ですから全く異論なしです。

あるとき春日一幸という民社党の親分が三木さんに「この辺で潤滑油が必要だ」と言いに来た。それで私がその潤滑油を春日氏のいた議員宿舎に届けたこともある。国会を起こさなければならない（審議拒否から審議に応じるようにさせる）。起こし代が要るとかね。副長官というのはそういう運び屋もやらされた。

「ストでスト権回復」は認めない

――基本の基とはどんな点を指すのですか？

海部　ストをやりながらスト権を獲得する考えは到底認められません。そういうことです。生鮮食料品も上がり始めていた。私は市場に出向きこの目で確かめた。国民が困るのははっきりしている。だからストはいかん。我々は国民全体の代表だ。公労協は組合の一部を代表しているに過ぎない。政府が負けるわけにはいかんじゃないか。

――一般には三木首相はスト権容認論者とみられていましたね。

海部　それは誤解じゃないか。三木さんのもとに出入りする学者や評論家、それに自民党でも一部の政治家が流していたんだと思う。私は三木さんに情報を上げながら「へんな言説、情報に惑わされんでくださいよ」と、言ったことがあった。

「三木さんは一貫して拒否の方針」

——スト初日の（1975年11月26日）に政府に提出された関係閣僚懇談会専門部会の意見書は加藤寛・慶応大教授を中心に起草されています。その加藤氏に三木首相は事前にこの専門部会を潰してくれと電話してきたという。田中内閣時代につくられた懇談会なので、一度解散し、新メンバーで臨みたかったのかもしれない、と加藤氏自身が日経新聞の「私の履歴書」欄に書いています。

海部　さあ、それは知らんな。私には三木さんは一貫してスト権拒否の方針を崩すなと言っていましたからね。

——そうすると三木さんは世間で評されているほどスト権付与には積極的ではなかった？

海部　全然ぶれてませんからね。三木さんがスト権付与に積極的だったというのは、組合側の宣伝の結果ですよ。自民党でも労働族の一部には付与に積極的な政治家はいましたがね。倉石忠雄さんはそうではなかったけれども、（スト当時の労相）長谷川峻さんとはしばしば論争した。長谷川氏は付与を主張していて、私に「キミのように正面からぶつかるだけでは物事は前に進まない。ある程度は向うの主張も聞いてやることが必要だ。柔軟さが大事。柳に雪折れなしと言うじゃないか」、「先輩、政府が負けろと言うのですか」と論争しました。

――三木首相はスト6日目の12月1日に記者会見し、国民に声明を発しました。国鉄を止めている違法行為を現に行っている以上、スト権は付与できないとする内容でした。当然この場に立ちあっていたはずですが。

海部　立ち会っていました。しかし親分が何を述べるかはわかっていましたから官房副長官として特別に耳をそばだてていなくてもよかった。

「組合は一部の、政府は国民の代表」

海部　声明の発表までに官邸で労働大臣を交えて、どう理論武装するか連日話し合われていたのです。三木さんは我々政府は1億2千万国民を代表している。相手が公労協といえども労働者の一部を代表しているに過ぎないのだから、ストに訴えて要求を通そうとしても認めるわけにはいかないと言った。井出官房長官、長谷川労相、川島官房副長官と協議する場では私は組合側の要求に譲るな、と主張しました。

――そうすると三木首相は海部官房副長官にぶれたところは全く見せなかった?

海部　オレには見せなかったな。（スト権ストへの対処に当たっては）その他大勢の一人とみていたんだろうからテレビで私が原則論を喋るのを見てそれでよしよしと思っていたんでしょうよ。

――当時すでに海部さんは三木さんの秘蔵っ子と言われていましたね。

海部　最初、河野金昇さん（自民党衆院議員）の秘書からスタートし、河野さんが亡くなって、三木さんの下に移り、その後ずうっと三木さんに可愛がられた。三木家で朝も晩もめしを食べていた時期もある。三木さんとしては示した方針を忠実に訴え続ける私を信頼する構図だったんでしょう。

「僕はあれ（テレビ対決）で世に出た」

――富塚氏とはその後もつきあいがあって、まだ首相に就く以前、海部さんのポーランド訪問では富塚さんにワレサ大統領への紹介を依頼したそうですが。

海部　依頼しました。紹介状を書いてもらってワレサ大統領にも会った。写真も写した。

——その後1990年代初め、自民党が衰えたとき、当時のキングメーカー、金丸信氏（自民党幹事長や副総理、防衛庁長官を歴任）がスト権を巡るテレビ論戦で公労協に立ち向かった海部さんを思い起こし、海部さんを総裁—首相に推したことは海部さん自身の著書（『政治とカネ』新潮社）でもふれています。してみるとスト権ストのテレビ対決が海部さんを首相にしたことになる。

海部　そうでしょう。僕はあれ（テレビ対決）で世に出た。あれがなければ僕が世に知られるチャンスは少なかったと思っています。

（2015年2月、東京・海部事務所にて）

関連年表

1945	8・15	事実上の無条件降伏を意味するポッダム宣言を受諾。第2次世界大戦終結
	9・2	日本政府が降伏文書に調印
1946	2・27	国鉄労働組合総連合会結成大会　石川県片山津
	4・15〜16	国鉄東京地方労働組合結成大会
1947	1・31	翌2・1に予定された官公労主導のゼネラルストライキはD・マッカーサー連合国軍（GHQ）最高司令官の命令で中止
	5・3	日本国憲法施行
	6・5〜	国鉄労働組合（以下国労）結成大会　伊豆長岡
	9・1	労働省発足
	11・7	国鉄反共連盟結成
1948	3・18	国鉄反共連盟は国労民主化同盟（民同）と改称
	4・25	国労革新同志会（革同）結成
	7・31	政令201号公布施行　官公庁職員及び関係職員の団体交渉権否認。争議行為禁止。
	8・15	大韓民国（韓国）独立宣言
	9・9	朝鮮民主主義人民共和国（北朝鮮）建国宣言
	12・20	公共企業体等労働関係法（公労法）公布（49・6・1施行）
1949	2・22	国労民同の幹部、社会党に集団入党
	6・1	日本国有鉄道、日本専売公社、郵政省、電気通信省等が発足。公労法施行。同時に国鉄、専売公社職員に団体交渉権（団交権）復活
	6・1	公共事業体として日本国有鉄道発足

	7・4	国鉄当局が5月31日公布の行政機関職員定員法に基づく第1次整理人員3万700人を発表
	7・5	下山事件（国鉄の初代総裁下山定吉氏が白昼行方不明に。翌日、常磐線で下山氏の轢死体を発見）
	7・15	三鷹事件（中央線三鷹駅車庫から無人で動き出した電車が駅構内を走り6人死亡）
	8・17	松川事件（東北本線、松川駅と金谷駅間で起きた列車転覆事件。機関士ら3人死亡）
	9・25	ソ連（現ロシア）原爆実験成功を発表
	10・1	中華人民共和国（中国）建国
1950	6・6	GHQ（連合国軍最高司令部）共産党中央委員24人の公職追放を指令。うち国会議員7人。機関紙「アカハタ」編集幹部17人も追放
	6・25	朝鮮戦争始まる
	7・11	日本労働組合総評議会（総評）結成大会
	8・15	国労中央闘争委、北朝鮮の韓国侵略に反対。国連の行動支持。日本の戦争介入反対を確認
	9・25	全逓大会。全逓と全電通が発足
	11・13	国鉄、レッド・パージ（共産党員および共産党に共感する活動者＝レッド）で462名解雇
1951	3・10	総評2回大会。講和問題で対立。平和4原則（全面講和、中立堅持、軍事基地反対、再軍備反対）を可決。事務局長に全国金属の高野実。右派退場
	5・23～24	日本国有鉄道機関車労働組合（機労＝後の動労）。国労から分離、発足
	6・5	国労10回大会（新潟）。民同が左右に分裂
	7・10	朝鮮戦争休戦会談
	9・8	米国・サンフランシスコで日米平和条約、日米安保条約に調印
1951	10・23～24	日本社会党臨時大会。両条約批准反対の左派と平和条約容認の右派に分裂
	10・25	衆院両条約承認

年	月日	事項
1952	2・28	日米行政協定調印
	4・28	サンフランシスコ両条約発効。GHQの占領行政は終了
	5・1	「血のメーデー事件」
	7・21	「破壊活動防止法」施行
	12・1	国労実力行使を開始。本社座り込み3日間等
1953	1・14	国鉄理事者（当局）側、年末闘争責任者として国労3役を解雇
	1・18〜20	右派社会党結党大会
	1・21〜23	左派社会党結党大会
	3・5	ソ連首相スターリン死去公表
	7・27	朝鮮戦争休戦協定調印
	10・28	3公社5現業労組協働戦術会議。国労、全逓、全電通、全林野、全専売、全印刷（以上総評加盟）機労、全造幣、アルコール専売の9労組が参加
	11・25〜29	国労と機労が順法闘争始める
1954	3・1	南太平洋ビキニ水域の核爆発実験で遠洋漁船第5福竜丸被災。無線長、久保山愛吉さん被爆後死去
	5・27	当局、解雇3役を再選した国労に対し団交拒否を通告
	8・8	原水爆禁止署名運動全国協議会が発足。総評が参加。
	12・7	吉田（茂）内閣総辞職
	12・10	鳩山（一郎）内閣成立
1955	2・14	日本生産性本部が発足。合化労連、全国金属、私鉄総連など8単産が同時に経済要求を実現しようと手を組んで使用者側に対峙。これが春闘発足の母体
	4・18〜24	インドネシア・バンドンで「アジア・アフリカ会議」
	7・26	総評6回大会で事務局長に国労の岩井章が就任

	7・27〜29	日本共産党が6回全国協議会で左翼冒険主義を自己批判
	9・19	原水爆禁止日本協議会を結成。総評、国労も参加
	10・13	左右社会党統一
	11・15	保守合同。自由党、民主党が合併し自由民主党に。
1956	2・14〜25	ソ連共産党20回大会でスターリン主義を批判。平和共存路線を提唱
	2・15〜	この年、前年の8単産共闘に多くの単産が同調、民、官の共闘が実現。春闘が始まる
	12・23	石橋（湛山）内閣成立
1957	2・25	石橋首相の病気退陣に伴い岸（信介）内閣成立
	5・8〜9	3公社5現業当局、公労協の春闘で888名処分通告。うち国労が解雇19名。機労は解雇4名
	5・11〜12	国労、処分撤回を要求し648駅で操車場内3時間の職場集会。列車運行に大きな影響
	6・3〜7	当局は5・11〜12の職場大会（この間勤務しない）行動に対し解雇1人を含む441人処分
	10・8	賃上げ要求で鉄鋼労連が第1波スト。11・30にも第2波スト。
1958	2・11	25回機労中央委。機労が国労と春闘で統一行動をとる決定
	6・27	機労8回大会（松江）。総評加盟否決。129対124の僅差
	10・8	政府は警察官職務執行法改定案を国会提出
	10・13	警職法改悪反対国民会議が結成され、総評をはじめ各界の団体が参加
	11・5	警職法改悪反対第4次統一行動。総評系各労組は24時間のストから1時間の職場大会までそれぞれが実力行使。国労は3時間の職場大会
	11・22	岸首相が鈴木（茂三郎）社会党委員長とトップ会談。警職法改定法案は廃案に。
1959	3・28	社会党、総評、原水協などが安保改定阻止国民会議を結成
	7・24〜28	機労9回大会で国鉄動力車労組（動労）と改称
	12・11	三井鉱山三池で指名解雇通告

1960	1・19	日米安全保障条約（新安保）調印
	1・25	三井鉱山三池炭鉱ロックアウト。三池労組無期限スト突入
	3・15	三池炭鉱労組分裂。第2組合誕生
	4・15〜	新安保阻止デモ、徐々に拡大
	5・19〜20	自民党が衆院で新安保条約承認の単独強行採決。会期を延長も国会は空転。阻止、抗議行動（デモ等）全国でさらに拡大
	6・4	新安保阻止統一行動。国・動労は始発から午前7時まで職場大会。この間、電・列車完全ストップ
	6・10	ハガティー事件。アイゼンハワー米大統領訪日準備のため羽田空港に降りたハガティー大統領補佐官が反対デモにとりまかれる。結局大統領の訪日は中止（6・16）
	6・15	新安保阻止で国会突入デモ。学生の樺美智子さん死亡。全国で反対デモに580万人参加
	6・18〜19	新安保条約国会を通過。自然承認
	6・22	新安保へ抗議行動。国、動労は始発から午前8時まで一斉に職場大会。この間国鉄は全面運休に近い状態
	6・25〜29	動労10回大会。総評加盟可決。社会党支持
	7・7	三井三池、第2組合員が会場から入構をはかりピケ隊と大衝突
	7・19	岸内閣に代わり池田（勇人）内閣成立
	8・20〜26	国労20回大会（甲府）。スト権奪還（回復）方針を決定
	9・5	炭労が三井三池鉱山争議で中労委のあっせん案（8・10提示）受諾を決定
	10・12	浅沼稲次郎・社会党委員長が東京・日比谷公会堂で演説中、右翼運動の活動家・山口二乙矢（おとや）に刺殺される
1961	3・22	国労がスト権回復と労働争議に対する刑事罰適用禁止を国際運輸労連と共同で国際労働機関（ILO）に訴える
	9・9〜13	炭労大会・石炭政策転換闘争方針を決定

年	月日	事項
1962	3・30〜31	国労。年度末手当要求で時限スト（3・31妥結）
	4・21	国鉄当局、3・30〜31の時限ストで動労の解雇12人を含め解雇36人を含む1819人の大量処分
	5・3	国鉄三河島事故。死者160人
	10・16〜28	キューバ危機。ソ連がキューバに核兵器発射用のミサイル基地建設を確認。米ソの緊張一気に高まる。フルシチョフソ連首相が核ミサイル撤去に踏み切り危機は沈静化
1963	1・7	ソ連共産党機関紙・プラウダが中国共産と機関紙・人民日報の社説を批判。中ソ論争公然化
	1・22	新日本窒素水俣労働者闘争。地労委のあっせん案を労使受諾。同窒素労組185日間の長期スト終結。
	4・26	全日本労働総同盟組合会議（同盟会議）を結成
	7・2	国労入浴闘争中、同組合員4人が裸で連行される
	9・12	最高裁、松川事件で被検察の上告棄却。被告員の無罪確定
	11・9	国鉄鶴見列車事故。死者162人
	11・22	ケネデイ米大統領、テキサス州ダラスで銃撃により暗殺される
1964	3・4	公労協が春闘で4月17日半日統一スト決行宣言
	3・23	国労中央委で半日スト方針確認（総評もゼネストを4・2の臨時大会で同確認）
	4・8	共産党が公労協半日ストに「挑発に乗るな」と反対を表明
	4・16	池田首相と太田（薫）総評議長のトップ会談で半日ゼネストは回避
	7・5〜9	国労25回大会でスト態勢を離脱した148人処分・うち除名31
	7・13〜15	共産党中央委。4・17のゼネスト反対は誤りと自己批判
	8・4	米、ベトナム戦争で北ベトナム爆撃（北爆）を開始
	10・1	東海道新幹線営業を開始
	10・16	フルシチョフ・ソ連首相の辞任発表
	11・11〜12	全日本労働総同盟（同盟）結成大会。全労会議を改組

1965	3・3	総評臨時大会。ベトナム反戦闘争を提唱
	11・13	日韓条約に抗議行動。総評23単産が参加
1966	2・29	共産党中国訪問団（団長、宮本顕治委員長）毛沢東と会談。決裂
	4・26	公労協、交運春闘で統一スト。国労は全国88拠点で始発から午前7時半までスト
	4・30	私鉄総連24時間スト突入。午後1時収拾
	5・23〜24	国労75回中央委でベトナム反戦特別決議を採択
	8・25〜	中国で文化大革命、紅衛兵運動全土に拡大
	10・21	総評53単産がベトナム戦争反対統一スト。国労は7拠点でスト
	10・25	最高裁大法廷、公企体職員の争議行為は正当な範囲を守る限り刑事罰の対象にはならない、と新判断
1967	1・24	「赤旗」が「紅衛兵の不当な非難に答える」を発表。文化大革命発動中の中国共産党批判
	4・15	東京都知事選。社、共両党推薦の美濃部亮吉氏が当選
	8・20	国鉄当局の期間助士廃止方針で国、動労が始発から抗議スト。当局が「棚上げ」回答。午前7時スト中止
	10・16	米でベトナム反戦週間始まる。全米30都市で反戦デモ
	10・18	国労、全国の米軍用軍事列車輸送拠点で順法闘争。東京では1日70両の米軍タンク輸送が3日間ストップ
1968	4・1	国労と当局が「現場協議に関する協約」を締結（7・1スタート）
	9・17〜20	国、動労が機関助士廃止問題で共同声明。国労は全国28拠点で午前6時過ぎまでスト
	10・11	総評、中立労連、その他単産代表で第1回春闘共闘委員会
1969	2・15	大阪市の中央公会堂で「列車便所ふん尿たれ流し」改善要求貫徹大会。1500人参加
	3・18	国労が初の運賃値上げ反対時限スト。始発時から3時間
	5・29	石田（礼助）国鉄総裁の後任に磯崎（叡）副総裁が昇格、就任

	10・21	国際反戦デー。490労組がスト。国労は米軍需物資輸送の拠点で順法闘争
	11・21	佐藤（栄作）首相とニクソン米大統領会談。1972年に沖縄返還実行を内容とする共同声明を発表
1970	2・17	当局「国鉄の財政再建に関する経営基本計画」を運輸省に提出
	6・22	政府、安保条約自動継続の声明を発表
	5・28	国労静岡地本が8件の不当労働行為救済を公労委に申し立て
1971	2・19	マル生運動（生産性向上運動）をめぐり国労が当局と交渉。不当労働行為、偏向教育は行わないと当局から言質を引き出す
	3・5	67回動労中央委でマル生粉砕の基本的方針決定
	4・11	東京都知事選、大阪府知事選、横浜市長選で革新統一候補が当選
	8・2	動労25回大会？でマル生粉砕方針確認
	8・10	国労旭川分会長マル生に苦悩して列車に飛び込み自殺
	8・24～28	国労32回大会（函館）でマル生運動に反撃方針を決定
	9・14	札幌地裁が「当局は国鉄職員の国労脱退を促す指示、説得を行ってはならない」として、国労札幌地本の不当労働行為仮処分申請を認める決定
	9・17	反マル生と反合理化を中心目標に国、動労が共闘委員会を設ける
	9・30	日本生産性本部が緊急理事懇談会で「生産性運動の名のもとに労働強化や不当労働行為が行われているのは極めて遺憾」批判
	10・2	マル生運動を提唱し実施の原動力だった大野光基・国鉄能力開発課長を更迭
	10・8	原労相が磯崎国鉄総裁からマル生運動について事情聴取
	10・9	「不当労働行為でもうまくやれ」と訓示した水戸鉄道管理局の能力開発課長発言の録音テープを国労がマスコミに公開

1971	10・11	国会でマル生運動による不当労働行為の責任追及始まる。当局は静岡地本管内の不当労働行為に対する公労委の陳謝命令（10・8）受諾を表明。磯崎総裁は「不当労働行為は認めるが、マル生運動は続ける」と談話発表
	10・23	国労静岡地本管内の不当労働行為で当局は同地本と国労本部に陳謝文。真鍋職員局長ら18名処分
	10・29	当局、生産性向上運動の中断（中止）を発表
	11・5	国、動労と当局間に紛争対策委を設ける
	11・19	沖縄返還協定強行採決に抗議する第2波全国統一行動。全国で53万人参加
1972	5・15	沖縄返還協定発効
	6・11	田中（角栄）通産相（現経済産業相）が「日本列島改造論」を発表
	7・6	佐藤内閣に代わり田中（角栄）内閣成立
	9・29	日中共同声明。日中国交回復
	10・6	スト権奪還公労協統一行動中央集会に2万人参加
1973	2・10	公労協、スト権回復要求で初の半日拠点スト
	3・13	連日の順法闘争に通勤客の怒りが爆発。高崎線上尾駅で乗客が暴徒化。「上尾暴動」が発生
	4・27	二階堂（進）官房長官ら関係閣僚と市川・総評議長、大木（正吾）同事務局長ら春闘共闘委代表が会談。スト権問題で7項目合意。中心は「1年半後を目途に政府が結論を出す」
	7・23～27	国労34回大会。書記長に富塚三夫を選出
	9・22	磯崎国鉄総裁退任
1974	4・10	春闘史上最大規模のゼネスト。81単産６００万人参加。国、動労も長時間ストに参加。３公社５現業のスト権回復問題で関係閣僚協議会の設置を閣議決定
	4・13	政府がスト権問題で関係閣僚協議会の結論を１９７５年（昭和50年秋までに出すよう努力する、内容の文書を提示

	5・7	国、動労が春闘で72時間スト
	7・12	三木（武夫）副首相、田中首相の政治姿勢を批判し電撃辞任。田中内閣に打撃
	11・26	田中首相、金脈問題で辞意表明
	12・9	三木内閣発足
1975	3・25	藤井（松太郎）国鉄総裁が74春闘処分を保留すると声明
	6・3	長谷川（峻）労相、衆院で「ストと処分の悪循環は今回限り」と答弁
	8・15	三木首相、靖国神社参拝。私人としてではあるが、現職首相の同神社参拝は戦後初。
	9・17	公労協、スト権回復を要求して12月初旬に長期ストを構える方針決定
	10・11	公労協共闘委、スト権問題で12月に無期限ストを構える方針決定
	10・15	公企業体等関係閣僚協議会に労働側から出ていた岩井章氏が辞任 電電公社（現ＮＴＴ）専売公社（現ＪＴ）経営側が「条件付きスト権付与」の見解表明
	10・16	国鉄総務部長「条件付きスト権付与」の見解表明
	10・21	藤井総裁が国会（衆院予算委）で「条件付きスト権付与」の内容（真意）を説明。電電公社、専売公社総裁も同趣旨の発言
	11・26	公労協がスト権奪還（回復）ストに突入（国、動労は夜行長距離列車の25日始発から）。国鉄全線でストップ 関係閣僚協専門委は同専門委懇談会の意見書を政府に提出。国鉄の経営形態は公社のままとし、スト権は従来通り認めない、とする内容
	12・1	三木首相、スト権問題で政府の基本方針を発表。続く記者会見で「違法ストには妥協しない」と「スト権拒否」の態度を明確化。公労協は同日、スト継続を打ち出す
	12・3	公労協共闘委、同日24時までストを実行した後、中止。4日午前零時から運転再開を決定
	12・4	午前零時「スト権奪還（回復）スト中止
	12・16	国鉄当局、国、動労に対しスト権ストによる損害賠償請求方針を決定

1976	1・31	国鉄当局が国、動労に対し、スト権ストに関し解雇15人名（国労9名、動労6名）を含む５４０５人の処分を通告
	2・4	米上院外交委多国籍企業小委でロッキード事件疑惑浮かぶ
	2・6	米上院多国籍企業小委（チャーチ委員？）でロッキード社コーチャン副会長が航空機売込みの日本工作を証言
	2・14	当局、国、動労に対しスト権ストによる被害の損害賠償２０２億４２８７万円を請求し、東京地裁に提訴
	2・19	三木首相。「ロ事件捜査に指揮権発動せず」と言明
	3・31	当局がスト権ストで第2次処分。訓告７０４１３人
	4・14	春闘共闘委第4次統一行動で首都圏国電始発から午前8時までスト
	6・22	ロッキード事件で丸紅前専務ら5人逮捕
	7・15	総評、53回大会。議長に槙枝基文、事務局長に富塚三夫を選出
	7・27	東京地検が受託収賄容疑等で田中角栄・前首相を逮捕
	8・6	三木首相、広島原爆死没者慰霊式に出席（9日の長崎の同慰霊式にも出席）
	8・16	東京地検、田中首相を受託収賄罪などで起訴
	8・19	自民党が「田中逮捕を傍観した」三木首相を退任に追い込むため「挙党体制確立協議会（挙党協）」結成
	8・31	国鉄監査委が50（１９７５）年度の監査報告書を運輸相に提出。営業収入1兆８２０９億円。同経費2兆７４４４億円・純損失９１４７億円。累積赤字3兆１６１０億円。長期債務6兆７７９３億円
	10・21	「挙党協」が三木首相退任を要求
	12・7	12月5日投開票の衆院選で自民党敗北。三木首相が引責辞任。
1977	1・21	東京地検が小佐野賢治を議院証言法、児玉誉士夫を所得税法、外為法違反でそれぞれ起訴

1977	2・27	国労教育センターが伊豆大川に完成
	3・28	国労運賃値上げ、スト処分反対でスト。新幹線は午前8時までストップ
	7・3〜7	動労34回大会で貨物輸送安定宣言。貨物をスト対象から除外。「成田空港反対同盟」から一線を画すなどの運動方針を採択
	9・19	国労全国戦術委員長会議で企業内要求では動労と共闘しない方針を打ち出す
	12・28〜30	国、動労が全逓の反マル生闘争支援で順法闘争
1978	6・19	公共企業体等基本問題会議が経営形態、当事者能力、法令関係の3懇談会が報告書。国鉄の経営形態については分割論
	7・3〜7	動労34回大会（津山）で貨物をスト対象から外す「貨物安定宣言」。成田空港反対同盟から一線を画すことを含む運動方針を決定
1979	3・30	動労千葉が本部から離脱。本部は千葉執行部を除名。国鉄千葉動力車労組（千葉動労）を結成。（7・7には中江本部副委員長ら26人除名）
	4・25	国、動労と私鉄総連が春闘で午前零時（国鉄）始発時（私鉄）からスト。公労委の仲裁案（定昇込み9804円、5・45％アップ）で午後零時半スト中止指令。
	7・17	国労41回大会。新書記長に武藤久・企画部長
1980	2・19	政府、国鉄再建促進特別措置法案の国会提出を決める。国労は「国鉄破壊法」と強く反対する声明
	9・17	韓国、軍法会議（？）で金大中氏に死刑判決。「金大中氏救出日本連絡会議」第2回国民大会。社、共両党、総評、中立労連、市民団体から1万7000人参加
	9・22	小谷動労本部教宣部長襲撃事件
	9・25	国労3役、宮本顕二・共産党委員長と会談。スト権ストの損害賠償問題、国鉄再建問題に関し協力を要請
	10・20	「北海道民の足を守る道民会議」代表団が国鉄、運輸省と「ローカル線を守るよう」訴える
	12・3	総評、「金大中氏救済緊急行動」

1981	3・16	第2次臨時行政調査会初会合。会長に土光敏夫氏。鈴木（善幸）首相「この行革に政治生命賭ける」と言明
	5・10	総評がポーランド「連帯」のワレサ議長を招く
1982	2・23	国労が反国労キャンペーンに対し対策本部を設置
	3・5	国鉄総裁「職場規律の総点検および是正について」通達。動労中央委が「悪慣行」の是正を提起。国労は「労使協定、労基法、労働安全違反行為の摘発」を中心に地方当局に対し各地本の交渉強化を指示
	3・9	国鉄再建問題で4労組（国労、動労、全施労、全動労）が共闘会議結成
	3・17	動労東京地本が運転室（席）の背面スペスカーテンを上げることを決定
	3・30	「国鉄の自主再建を願う7人委員会」が発足。都留重人、中野好夫、沼田稲次郎、松本清張、大河内一男、木下順二、矢島聖子の7氏
	4・19	臨調と自民党国鉄再建小委が国鉄の経営形態変更で合意。当面は特殊会社化
	4・22	当局が職場総点検結果を発表①現場協議の乱れ②勤務時間内飲酒③突発休（ポカ休）等の実態を報告
	5・17	第2臨調第4部会が3公社の改革中心とする部会報告を土光委員長に提出
	5・26	国労拡大中央委、未曽有の国労攻撃に対し自ら「正すべきは正す」方針を実行しつつ臨調路線と対決することを意思統一
	7・1	動労、機関士研修旅費手当問題で1「返還」方針決める
	7・9	国労全国委員長、戦術委員長会議で対決型労政を持ち込んでいる「太田労政批判決議」
	9・22	国労、時間内入浴禁止の業務命令拒否。計5190名に賃金カット
	10・16	現場協議制の協約は破棄問題で、国労、公労委に調停申請。36協定を当局に破棄通告
	10・25	「国鉄の自主再建を願う七人委」が分割・民営化せずとも再建可能とする報告書を発表
	11・19	現場協議制問題で公労委は「調停困難。改めて当事者間で自主解決を」と勧告。国労は拒否

年	月日	事項
	11・26	中曽根（康弘）内閣発足
	12・14	全日本民間労組協議会が発足。議長に竪山利文、事務局長に山田精吾の両氏
1983	3・19	時間内入浴闘争で国労が減給から厳重注意まで１１７４人の処分を受ける
	4・12	（所定労働）時間内入浴問題で「汚染職」、発汗の多い職場、1昼夜交代勤務制職場で洗身（入浴）の制度化について速やかに結論を得ることを国鉄労使が合意
	5・13	国鉄再建監理委設置法が4月13日の衆院に続き参院通過、成立
	6・2	動労１２０回中央委。国鉄内4組合共闘破綻で国労と対峙へ
	6・10	国鉄再建監理委（亀井正夫委員長）発足
	6・30	当局、国労の時間内洗身問題闘争に対し停職5人を含む６１７人の処分を通告
	7・25	総評69回大会で黒川武議長、真柄栄吉事務局長を新たに選出
	7・28	私鉄総連、自治労、都市交が国、動労に両組合の関係修復申し入れ
	8・19〜23	国労が45回大会。武藤久委員長と山崎俊一書記長を新選出。富塚総評事務局長はこの年12月衆院議員に
	8・26	国鉄監査委、監査報告。単年度赤字が連続3年1兆円越え。累積損失8兆９６００億円。長期債務残高18兆４００円
	10・12	ロッキード事件で田中角栄被告に東京地裁が懲役4年、追徴金5億円の判決
1984	6・6	当局と動労間で「国鉄再建フォーラム」設置合意
	6・21	仁杉巖・国鉄総裁が、日本記者クラブで行ったスピーチで「基本的には分割・民営化に賛成」と発言
	7・24	武藤・国労委員長が田中角栄邸訪問。田中は来春にも独自の「国鉄民営化論を発表する」と確言。武藤は「分割には懐疑的」と判断。立ち会った田中の秘書・早坂茂三は「（田中は）党内の様子をじっくりみている」と武藤にアドバイス
	9・27	反行革共同行動推進委を国労、自治労、日教組など13単産が参加して結成（13単産共闘）

1984	10・4	国鉄再建監理委に当局が用地の再評価を提出。国鉄所有地時価総額20兆2700億円。うち売却可能地は1兆2000億円
	10・9	当局、分割・民営化に伴う『休職、派遣・出向』で当局案による妥結を要求
	10・10	当局、「休職、派遣、出向」交渉の打ち切りを通告。動労、鉄労、全施労は受け入れて「雇用安定協約」を結ぶ。国労は拒否、抗議声明。
	10・11	当局、国労に対し「雇用安定協約」交渉をしないと通告
	12・20	電電公社民営化法成立
1985	1・10	仁杉巌国鉄総裁以下、国鉄役員会が全国1本の国鉄経営形態維持の再建案をまとめ「経営改革のための基本方針」として国鉄再建監理委に提出
	1・17	後藤田正晴・総務庁長官が国鉄役員会のまとめた基本方針を強く批判
	1・22	社会主義協会の向坂逸郎代表死去。仁杉総裁は先の基本方針に関して、「分割を否定は釈明しない」と運輸相に釈明
	3・20	総評拡大評議員会「国鉄再建政策―21世紀へむけての鉄道（素案）」を発表
	6・21	仁杉総裁辞意表明（24日辞表提出受、受理）、縄田国武・副総裁、太田知行・職員局長も退任。事実上の更迭
	7・4	杉浦（喬也）国鉄総裁を本部長に当局は「再建実施推進本部」を設置。事務局長に改革3人組筆頭の井手正敬・東京南管路局長
	7・10	同盟中央評議会で宇佐美忠信・同盟会長が国鉄分割・民営化を支持する発言
	7・29〜8・2	国労定期大会。山崎俊一が新委員長に。書記長に荒井敏雄氏。武藤委員長は退任。国労共済理事長へ
	9・20	鉄鋼労連が総評加盟単産で国鉄分割民営化に積極的支持を表明
	11・13	雇用安定協約問題。当局と動労、鉄労、全施労が合意。当局、国労とは締結努力を当面見合わせ
	11・30	当局と国労は雇用問題で無協約状態に

1986	1・13	杉浦総裁。国労内各労組とトップ交渉。争議権行使の自粛などの「労使共同宣言」に動労、鉄労、全施労は同意。国労は「非常識」と拒否
	7・6	衆、参同日選挙で自民党大勝（304議席）。社会党完敗（85議席）
	7・10	杉浦総裁が動労の24回大会に出席。「動労の転身は国鉄改革の推進力」とあいさつ
	7・22〜25	国労49回大会。病気辞任の荒井書記長の後任に下田恒正氏
	7・23	動労が総評脱退を宣言
	9・3	当局、スト権ストに対する損害賠訟請求で対動労に関しては訴えを取り下げ
	9・11	社会党が国鉄再建闘争本部（本部長・土井たか子党首）
	9・24〜25	国労中央闘争委主流派は当局が強力に勧める「労使共同宣言」受諾・調印に踏み切ろうとしたが、青年労働者らに中東委が取り巻かれ、論議不能状態に。中闘委は後日臨時大会を開いて、対処方針を決めることとして事態を収拾
	10・9〜10	国労50回臨時大会。「労使共同宣言」「雇用安定協約」の受諾・締結、「不当労働行為の当局に対する提訴取り下げ」などを骨子とする「当面する情勢に対する緊急方針」は101対183の反対多数で否決。今後も分割・民営化反対方針を貫くことが決まって山崎執行部は退陣。六本木敏・新委員長と稲田芳朗・新書記長を選出
	11・28	国鉄関連8法が国会で成立
1987	3・25	同日までに分割6旅客鉄道会社と1貨物会社の創立総会を終了
	3・31	国労本部と同東京地本は「国鉄を守る国民会議」と共に「よみがえれ国鉄、3・31 国鉄115年を支えた国鉄労働者と市民の集い」を開催
	4・1	東日本旅客鉄道会社（JR東日本）など6旅客会社をはじめ鉄道関係12法人と国鉄清算事業団発足。通称JR（ジャパンレイルウェイ）電、列車が一斉に走り出す 国労本部は「公共交通の再生を合言葉に国鉄労働者の大同団結をはかり広範な国民と共に闘い続ける」と声明

あとがき

あとがきであれこれ書くより本文にすべて書き込むべきであろう。しかし書ききれなかった部分を少し記したい。

一つは労働運動が若い人たちの間で、ほとんど語られることのない状況になってしまっている点である。表面的には労働運動がダサいと見られがちになり、その根本には非正規雇用の普及で働く者の組織化が極めて困難である事態が続いていることがある。国内全労働者が組合に結集する組織率はとっくに（２００５年）20％を切り、さらに下がって２０１８年には17・0％。厚生労働省の統計では賃金が上がっているように見せているものの、実質賃金は下がっていると指摘されて久しい。正規社員の相対的な低賃金化もしきりに指摘されている。

組織労働者のほとんどはストライキ権を持ってはいても実際に行使することは、なくなった日本社会。曲がりなりにも議会制民主主義の体裁を保持している国で為政者にとってはこれほど統御しやすい国民も社会も少ないのではないか。労働問題にしても労働経済分析の立場からの発言は活発だが、労働運動論はほとんど失われた。本書はかつての労働運動が持った〝活力〟を失ったままでいいのか、という問題意識（提起）に基づいている。

労働運動もスト権ストで公共企業体労働者、中でも国、動労に所属する労働者の団結力を示したのをピークに後は坂道を下り続けて上れない。

戦後労働運動は１９４７年の（D・マッカーサーGHQ最高司令官命令で中止させられたが）２・１ゼネスト結集で最初の盛り上がりを見せ、その後も活発化した。社会全体から共産党系の影響力を排除しようと50年にGHQ（連合国軍最高司令部）はレッドパージを発令。左派系組合内に続々と右派系の民主化同盟（民同）が生まれた。そのナショナルセンター（以下Nセンター）として日本労働組合総評議会（総評）が組織された。

しかし徐々に進歩派勢力の中心になっていく総評に反発して54年には全日本労働組合会議（全労会議）が新たなNセンターとして総評に対抗しようとした。全労会議はその後日本労働総同盟（同盟）となり、経済主義を前面に打ち出し総評と競合した。官公労労働者を大勢力とする総評はおおむね日本社会党を支持する民同左派を形成し、反自民の中心勢力になった。労働運動から共産系の影響力を薄めようとしてGHQが支持した組合内民主化同盟の結成は強力な社会党左派系支持勢力に転化した。「鶏からアヒルが生まれた」と形容された。

しかしスト権スト後、徐々に力の弱まりを見せ、民間労組結集の動きも加速、総評、同盟、それに中立労連、新産別の各Nセンターが解散して、ともに加盟した日本労働組合総連合会（連合）が89年、発足した。他に主に共産党を支持する労組でつくる全労連が比較的大きなNセンターだが、存在感、存在力は連合と比較すれば格段に小さい。

それにしてもスト権ストまでの国労運動は目覚ましいものがあったし、そのために利用者はしばしば迷惑をこうむった。まえがきに挙げた順法闘争による電車の遅れに対する乗客の怒りが呼んだ上尾（駅）暴動もあった。続いて首都圏国電暴動。

人々がリアルに受けるその被害と被害感は確かに強くあっても、そのことを乗り越えて暴走政治は認めないとする国民共有の意思を形成できるまでになったとき社会はどう変わるのか。果たしてそのような状況が生まれる時が来るのか？　順法闘争によるノロノロ運転の連鎖のような乗客に迷惑をかけるだけの戦術は誰も支持しないだろうし、組合側にはすでにレッキとしたスト権がある。スパッと休むストライキはむやみに打つものではないのは明らかだが、労働者の標準的な闘争手段のはずである。

総指揮者・富塚三夫は果実を何も得られない壮大なカラ打ちではあったが、８日間の国鉄全線ストップを見事に組み上げやりぬいた。稀有な労働運動指導者と言ってよい。同時にその限界は国鉄経営側に理解者を増やし、癒着と言われようと構わず経営側に自分のファアンを増やし、事実上の労使一体化によって、政府と対峙しつつ運動を勧めるという手法にあったように思われる。経営者が公社理事という政府と板挟みになりやすい形態であったからこそできた方法だろう。民間労組では考えられない大金を使って教宣活動を行い、マスコミに浸透した。公社という独特の当事者能力の少ない経営体であればこそ変形的な労使一体化が起き得た。通常の労使関係ではない公社制度の下で大きく咲いた仇花と言われても仕方がないのか？

富塚の発想の根底に自らの強い上昇志向と国鉄経営当局者の枠を出ないものの見方があったと、いまなら指摘することができる。武藤久も富塚の後継者として、一層難しい国労の時代に同様の発想で事態に対処したと言えるだろう。国労のピンチを富塚よりさらに自民党実力政治家とパイプをつないで脱する。しかし、それには大胆な妥協が要る。

国労運動に社会主義協会をはじめとする左派各派が社会主義イデオロギーをナマに持ち込めば、ちょっとした物事への対処の違いを大げさに言いつのる対立から、やがて抜き差しならない分裂の道が待っている。国労に大胆な妥協は不可能だった。

ではどうすればよかったのか。山岸が武藤に指摘したような協会派の排除を断行し、その他のセクトをも拒絶する。仮にそういう事態が生まれ得たとして、その後に民同左派と革同がスト権ストまでのように固く手を結びあえたのか？政府、自民党の国労攻撃と国鉄当局内部の3人組をはじめとする改革派勢力の台頭。彼らへの自民党と政府のバックアップ。マル生闘争時とは様変わりしつつあったマスコミ。世論。

第2臨調以来徐々に固まってきた分割・民営化への流れを国労も思い切って大きくとらえる必要があった。分割をさせない民営化を基軸にしたスケールの大きい対抗路線をいち早く打ち出し、国民の理解を求める。それには働く時間はきちんと働き、さらに利用者の利用環境を清潔にする努力。そして暴走政治には抵抗する政治路線を保持しているが、普段は一般利用者に笑顔で、親切に接客する。駅が最良の集客施設であることを組合も認め、できるだけ駅を楽しい場所にするようきめ細かく可能な限り興味深いアイディアを実行する。民営化にそなえて〝試験運行〟を繰り返す。民営化後はそれまでの規制は（今のように）大幅に緩むのだから〝試験運行〟は〝本格運転〟に切り替わる。鉄道以外の事業を発展させる。

しかしやるときはやる。労働条件の問題と同時に、利用者の多くが抵抗する勢力に共感できる政治課題が勃発すれば抵抗する力の中心勢力として闘う。これが政治主義と批判され、各企業組合に第2組合が生まれ、経済主義に注力する労働運動の一方の流れになった。その流れが主流になった現在、民間労組の政治的反抗はほぼ見られず、自分たちの生活水準が維持されればそれでよいという雰囲気に支配されている。

国労は民営化前も春闘で順法闘争、ストは組むものの賃上げでは主導権を発揮するポジションに位置していなかった。毎年、私鉄春闘を支えるかのように私鉄の賃上げが決着後、直ちに国、動労ストに突入し、おおむね公労委の仲裁案によって決着を図った。ストは法で認められないとされていたのだから、長くなればそれだけ処分は重くなる。利用者の迷惑も長く続く。それがわかっているから始発からストに入ってその日のラッシュ前数時間のスト、長くて昼頃までというケースが続出した。

これに比べスト権ストは純粋な権利闘争である。スト権を得てもすぐさま賃金が上がるわけではない。それでもこれだけ闘った。

2015年の安倍晋三内閣による集団的自衛権への憲法拡大解釈は抵抗に価する政治課題だったろう。「モリカケ問題」とそれに伴う財務省を中心とする高級公務員による公文書改ざん等は労働運動も闘う政治課題であっておかしくない。但し仮にJR労働者全体が同一ストを構える状況が生まれたとして、彼らだけで闘争できるだろうか？　スト権ストの結果によって既に答えは出ている。他の多くの産業労働者と共に戦わなければ効果は思うようにはあげられない。が、労働者連帯の時代に入る道は極めて狭そうに見える。

他の労使関係と根本的に国鉄と公労協の闘争が違ったのは労使関係の外にいる一般利用者を否応なく巻き込む点であるのは言うまでもない。だから繰り返しになるが国鉄に降りかかる事態を素早く受け止め、アイディアに満ちた新たな対抗路線とそのマスコミへの浸透、労働者間の連帯、そして国民の理解へ進まなければならなかったはずなのに、社会党も総評も国労もすべて遅れた。それどころか国労は最後まで統制が取れず、民営化路線に踏み切れなかった。こう言ってもいまだからこその指摘にすぎないかもしれない。

夢のような状況を考える。三木と田中がもし深く手を結んでいたら、日本にひたすら競争を重視する新自由主義ではなく、保守ではあるが、分配にも目配りした「保守リベラル」と形容されるような社会、政治、経済が生まれたろうか。自民党政治の中でも、そうした側面が三木はもとより田中にも確かにあった。「日本は社会主義経済なのか」と、規制だらけの社会を揶揄《やゆ》、批判、攻撃する声が強まってきてはいたが、言論・表現の自由を大切にしつつ、良いものは残し、無用なものを少しずつ削いでゆく保守リベラルの精神と行動もかつての自民党政治には存在した。強い平和志向を持つ政治家が数多くいた。

田中は東京地検が受託収賄容疑で自らを逮捕した時の首相三木を福田に対するほどには対決者とみていなかった。それどころか「政治のプロはオレと三木しかいない」と言い放ったと語る者もいて一種の伝説になった。三木に対し、「(田中に対する)惻隠の情がない」と、ポスト田中を狙う自民党内保守派と田中系の人々から、「三木おろし」の攻撃が起き、やがて党内を包んでいったのだが、実行力を持った金権としぶとい「クリーン」が対立しながらも共に道を歩けないというほど保守リベラルの道は狭くはなかったかもしれない。三木降ろしの真っただ中でも、党内領袖が一対一で三木と対決した場合、三木のにじり寄る「議会の子」と称した迫力に誰一人かなわない、と言われた。三木も田中も日中国交回復を進めた同志。同時に1974年参院選で田中は三木の地元(徳島地方区=当時)に後藤田正晴を立たせた。後藤田は田中内閣で官房副長官(事務)を務め、自民党公認を得たが非公認の三木派現職に敗れた。三木は結果が勝利と判明した直後、電撃的に田中内閣の副首相、環境庁長官を辞職した。後藤田もその後、保守リベラルの立役者になった。しかし後藤田は同副長官前に警察庁長官を務めた身でありながら、稀に見る金権選挙を展開し、250人以上の被検挙者を出した事実を生涯の汚点としたという。田中流の選挙戦指揮だったのだろう。が、金権の腐臭がまつわりついたままのリベラル政治では、いずれこれを打破、一層するための強権・独裁を待望する社会を呼び込む恐れを常にはらむ。「時代は変わった」と多くの人が言う「安倍自民一強政治・社会」は、強権を尊ぶ社会に踏み入りかかっている恐れはないか。

富塚や武藤は政治家のクリーンという点にはほとんど関心を示していないように見える。汚れた疑いはあっても、力のある政権党か、政権に近い政治家が、自分たちを如何に理解し、如何に何らかの手を差し伸べるかに関心は集中している。

富塚は「三木は（自分を首相に裁定、推薦した）椎名に1億円ぐらい持参して挨拶すべきだったんだ」とあっさり発言する。田中的体質が富塚にも身についていたということだろう。もし、絶頂期の富塚が田中と交流していれば、心情的に田中の共感を得られたのではないか？　そうなればスト権ストの局面も違った展開になった可能性を考えずにはいられない。2人には地方の決して豊かとはいえない生い立ちを跳ね返す意志を強く持って「立志伝」を実現した共通項がある。

同時に富塚の持つ相当な予算を動かすことができた結果生成された一種の「金権体質」とでも言える点は、大型金権体質の田中と通底するように感じられる。この体質が、政治的主張を掲げて戦うことを避けなかった労動運動からクリーンさを求める人々（市民）を離れさせる、または結集させ得なかった一因になった点はあるだろう。ただ本人の死去により公訴棄却になったとはいえ、高裁段階までは受託収賄罪で有罪とされた田中の遣う金と、巨大組合で決算を通す手続きを踏む必要のある金を遣う富塚の金とは同一視はできない。組合の監査は形式的とはいえ、手続きは踏んでいる。遣うスケールも違った。

が、富塚も相当な額を動かしてきた。現在、「連合」の入る東京・駿河台の会館も周囲の助言はあったが、結局は富塚の踏ん切りによって建った。現在は違うが連合が入居した後も長く総評会館と名乗っていた。富塚が了承して総評会館の名称を外したのはまだ数年前である。

自民党と社会党が対決して続いた55年体制（分裂していた左・右社会党統一と自由党、民主党＝2009年に政権を獲得した民主党とは全く別の党で保守政党＝が保守合同した年の1955年から始まった政治体制）は、長かった分だけ、自民党、社会党間（時に他党も交えたが）で癒着する雰囲気が生まれた。国会対策費や首相官邸機密費から国会運営を中心に、合計すれば、多くの金が流れた。国会で具体的な決算審議、承認を要さないカネなので実態はわからない。

スト権ストからインタビュー時点で40年を経て富塚の発言は自己肯定感を伴い、武藤のそれからは自己否定感を感じるが、発言に共通するのは、民同左派の運動が対当局、対政府・自民党にしても、結局は人間的つながりに多くを求めた点だ。武藤の場合は国労が末期に来て権力と、より多くのつながりを求めざるを得なかった。追い込まれていたのである。せっぱつまって富塚以上に人間的働きかけを権力者たちにしなければならなかった。特に際立った理論を持たずに、社会党を支持する立場を一致点とした民同左派の運動の、それが終末形だった。

富塚は1983年、総評事務局長を辞し、衆院選挙に社会党候補として挑戦して当選を果たした。しかし党内の様相は、富塚の考えていたような状況とは違っていた。国労、総評の時代、名実共に備えた労働運動実力指導者の声と指導は選挙の基盤となる組合員に大きい影響力を持っていた。その声は議員たちの頭上に響いた。武藤を先頭に全力で支えた人々がいて富塚は衆院議員に当選した。が、社会党も自民党同様、当選回数を基準にする党内序列は固まっていて一議員の身では、存在感は大きくとも党内に影響力を発揮するまでには至らなかった。同時に、その壁を崩せるだけの個人的能力までは富塚が持ち合わせていなかった、と結果からは言える。

もう一つ問題は難しい選挙区に落下傘候補となって舞い降りたことである。本来は出身地、福島県の選挙区から立候補したかった。が、福島の社会党組織は社会主義協会系が強く、「富塚を福島県から立候補させせない」ための組織までつくられたという。まだ中選挙区制度だったから富塚が福島から出馬すれば同選挙区の他の社会党候補はそのあおりで落選の恐れを感じたからだ。労働界のスーパースターと称された男が、所属する社会党からの出馬を地元で拒否されたのである。

やむなく全専売の委員長から衆院議員になって死去した平林剛議員のいた神奈川5区から立

候補せざるを得なかった。神奈川県西部。小田原、湯河原を含む、山間部の広い選挙区であり、国鉄関係では国府津機関区はあったが共産系が強く富塚支持に固まっていたわけではない。平林の全専売の組織も当てにはできなかった。何より定員3人の保守地盤。河野一郎以来の自民党地盤である。亀井美雄、河村勝、平林が競い、一郎の息子・河野洋平（元自民党総裁）以外はだれかが落ちる選挙区だった。

公示前には1戸1戸を回るいわゆるどぶ板選挙戦を展開しなければ勝てない。富塚も懸命に回ったが、二度目の選挙には落選した。三度目には当選、続いて落選。さらにまた落選。21世紀初め、富塚は引退を決めた。

武藤は本編にあるように85年の名古屋大会で委員長を退き、国労共済の理事長に就いた。富塚は国労の解体過程では衆院落選中で思うように影響力を発揮できる立場にはなかった、という意味の発言をしているが、本編で分かるように武藤の次のポストまで用意している。

こう書いてきても、しかし富塚の魅力と大きさを感じないわけにはいかない。「このストライキ屋が」と政府、自民党側の多くから憎まれてはいただろう。だが40代半ばから後半、脂の乗った富塚の発する魅力を何と言えばいいか……。時代の波に乗って一種のオーラを発散していた。その時代の富塚を知ればこそロングインタビューした。富塚もインタビューに応じた時期が遅かったし、繰り返した質問をはぐらかした感のある部分もある。「僕が総評に残っておれば分割は阻止……」と言ったり、「分割・民営化の流れになすすべもなかった……」と応じてインタビューの機会によって矛盾する応答もあったがそのまま掲載した。高齢でかなり難聴気味になっていたせいもある。ただ今回のインタビューの後でも富塚の魅力を思った。そうでなければインタビュー本など出さない。

武藤の発言も機微にわたったが、数奇な運命から自らの道を拓いた人生には複雑な魅力がある。富塚には（反）マル生闘争完勝の栄光があり、スト権スト完敗の悲惨があり総評事務局長時代（この時代、ワレサとは正に連帯したが、自分たちの存在そのものを脅かす臨調路線に明確に対抗できなかった点は、認識の甘さと批判されても言葉を返せないだろう）の盛名と衆院議員時代の挫折がある。武藤には九州時代の組合運動における素直な情熱と、その後には反マル生闘争を富塚と共に戦った充実の時間があった。が、富塚の次の次の国労書記長、そして最後は実権委員長として敗北の階段を下りて行かざるを得なかった苦悩があった。委員長退任後も後輩たちに頼まれて、骨を折る姿に誠実な人間味を感ずる人も多いに違いない。そこに自身の中で複雑な感情が渦巻き、その苦みを長く味会う結果になったと言えるだろう。

ふたり個人の人生は戦後の激動期を国労に拠って道を切り開いてきた歴史でもあるが、国労の事実上の解体は個人史を超えてその後の日本の在り様を大きく規定する要因になった。これを「国労史観」とみて、全体の流れはもっと大きいところで動いていると指摘する人は多い。しかし、国労の解体─総評の終焉─社会党の解体─連合の誕生。こう見てくると国鉄分割・民営化─国労の解体は郵政民営化等とは比較にならない大きな、根本的な影響をその後の政治、社会、そして人々の考えと暮らしに与えた。

その後の労戦統一の名のもとに誕生した連合労働運動は経済主義一色に染め上げられたといっても過言ではないだろう。これが日本の民間労働運動の帰結なのか？

根底にはソ連を筆頭にした社会主義社会の行き詰まり─崩壊があったということはできる。その意味では大きな全体の流れ「プロレタリア独裁」というソ連社会主義の建前は必然的に情報公開なき秘密社会を生み出し、それが個人独裁、個人崇拝を呼び、国民を恐怖支配で縛る結果を招き、崩壊した。その残滓が異様に肥大化していま北朝鮮に現れている。2018年春、北朝鮮のトップ、金正恩は突然非核化の検討をちらつかせ、同年4月19日には核実験ストップ、核兵器実験場の閉鎖を表明した。そして南北首脳会談を経て米朝首脳会談へ向かった。方針転換は北朝鮮なりの手続きをとってはいるのだろうが、誰も時の権力に異論をはさめない恐怖支配体制は続いている。2019年2月にハノイで二度目の米朝首脳会談が開かれたものの、事実上決裂して終わった。

それではインタビュアーの心情、立ち位置はどんなところにあるのかと問われれば、こう応じたい。日中戦争、太平洋戦争は一口に外国民2000万人、日本国民300万人の命を失わせた（犠牲者の数については諸説ある。有力説を採った）と言う。それだけの命の代価を払って獲得した「戦後民主主義」の精神を大切にして一層発展させる。様々な排外感情、差別感情、外国人差別を排し克服しつつ（むろん少数者、社会的に不利な条件で生きる市民を対象とするヘイトスピーチをはじめ、これらの排外感情をどう克服するかが大きな課題だが）、国家権力が言論、表現の自由を侵さない社会、その点が社会の根本だと考えている。

ゆっくりでよいから着実に進んでゆく。現行憲法の権力の暴走を自制させる平和主義、基本的人権の絶対価値を貫徹する。国民が生んだ富を遣う政府は分配に深く配慮した政策を進める。環境にやさしい再生可能エネルギー研究を深め生産を拡大し、原子力発電をやめる。その結果が生み出す心豊かな社会実現が理想だ。安保条約に基づく日米地位協定の平等化に全力を挙げ、沖縄の新基地は断る。そのためには首相を国民の直接選挙で選ぶ必要が出てくる。天皇制を持つ国であっても首相公選制はできない話ではない。保守であれ革新であれ、これらの目標に向かう実績と方向性がはっきりしていると判断される政治権力なら支持する。長く実権を握る自民党政府からは、その方向性がほとんど感じられない。特に現今の自民党政治はひたすら戦前戦時の発想、体制に向かおうとするベクトルを感じさせる。

ＧＨＱ民生局を拠点とした当時の米国の理想を掲げた民主主義者たちが、自国でも実現できていないその理想を、焼け野原の日本に持ち込んだと言われるが、憲法と同様、日本が占領されていたからこそＧＨＱの方針による農地解放が実現したと言えるのではないか。この二つが戦後日本の骨格を造り、教育の中立化―教育委員を選挙で選ぶ方式を導入し、小さな村にまで議会を置いた。しかし、日本の独立回復後は、徐々に戦後民主主義の持つ強い民主的な要素を骨抜きにする作業が始まった。逆コースと呼ばれた。廃墟からの回復、発展も言論表現の自由、基本的人権の尊重という戦後民主主義あったればこそ実現できた。今も続く逆コースの道を歩むのではなく、まさにそれとは真逆の、今は死語となったと揶揄されさえするリベラルで寛容な大道を堂々と歩みたい。

時代は前世紀とは比較にならないテンポで進んでいる。戦後民主主義。もう過去の遺物のような言葉であり、ＩＴ化が生活の隅々にまで浸透しつつあるときにそんな悠長な姿勢でいれば世界に取り残される。通信を基底にした新たな産業革命の渦中という時に労働者という概念も変わりつつある。もはや個々人が個別の気概を持ち生きて行く社会ではないか。この時に労働者の組織化、ストライキ権の行使などとは、前世期までの発想だ。そうした声も若く組合に組織されていない労働者、非正規労働者自身からさえ聞こえてくる現代である。

が、人びとが自由にモノを言え、考え、表現し訴えることができる社会であればこそイノベーション（技術革新）も進む。労働者が経営者の指示を唯々諾々と聞いているだけの社会は、いずれ政府の言うことには不服でも何でも従う社会になりかねない。政治が勇気を失い軍部に引きずられ、日中、太平洋戦争に突っ込んで行き、日本中が焼け野原になってから74年。言論表現の自由が押さえつけられ、多くの戦争犠牲者を出した戦前、戦中社会への回帰は、まっぴらごめんである。

但し、こういう理想的な社会を実現するための具体的な方策についてすべてをグランドデザインとして提示するのは私の手に余るし、多くの協力を得て、たとえ提示できたとしても、あとがき欄はそのいちいちの方策を開陳する場ではないだろう。

富塚には東京・代々木の富塚事務所で5回、武藤とは自宅で3回、毎回ほぼ2時間前後のインタビューを行った。（海部インタビューを含む）富塚インタビューは2014年4月から3回にわたって『エコノミスト』誌（毎日新聞社。現毎日新聞出版）に掲載した。このインタビューに加筆して単行本化すると生前の富塚に約束していた。なお、本文で、引用・掲載した書物、新聞、雑誌記事等は引用個所に出所を示してあるので改めて掲載していない。

最後になったが筆者が入稿直前に体調不良に陥り、原稿が遅れたにもかかわらず粘り強く待ってくれた風媒社の劉永昇編集長、稲垣喜代志会長に感謝する。稲垣氏は同社を創立、成功させ、全国中小出版界の雄と言われた時代を持ち、その後もしぶとく同社を維持しつつ、中部文化発信の中心拠点の一つに発展させた。氏は2017年晩秋、84年の生涯を閉じた（個人的には同じ法政大学出身であることもあって知遇を得た）。

2019年　初夏

大橋　弘

著者略歴
大橋　弘（おおはし・ひろし）
1940年1月3日、東京都千代田区生まれ。64年、法政大学社会学部卒業。同年、毎日新聞北海道発行所（毎日新聞社の100%子会社。75年に毎日新聞社が吸収。以後毎日新聞北海道支社）入社。北海道警察を担当。70年、毎日新聞社入社。山形支局県庁担当を経て東京本社社会部労働担当、国会担当、社会部副部長（デスク）、編集委員、論説委員（オウム真理教団へ破壊活動防止法を適用の是非等、社会問題及び労働問題全般の社説執筆を担当）。1997年毎日新聞社を定年退職。2002年中部大学人文学部教授。2010年中部大学を定年退職。
［著書］『新聞論をこえて』（風媒社）、『ヒロシマレクイエム』（風媒社）、『昭和のこころ』（編、毎日新聞社）など

装幀　澤口　環

ストライキ消滅　「スト権奪還スト」とは何だったのか

2019年7月20日　第1刷発行　　（定価はカバーに表示してあります）

著　者　　大橋　弘
発行者　　山口　章

発行所　名古屋市中区大須1-16-29
振替 00880-5-5616 電話 052-218-7808　風媒社
http://www.fubaisha.com/

＊印刷・製本／モリモト印刷　　乱丁本・落丁本はお取り替えいたします。
ISBN978-4-8331-1131-7